北大版长期进修汉语教材
BEIDABAN CHANGQI JINXIU HANYU JIAOCAI

轻松汉语
——初级汉语口语（下册）

主　　编　王尧美
副 主 编　张幼冬　郭文娟
编　　著　王尧美　张幼冬　郭文娟
　　　　　张杏春　连　佳
英文翻译　吴　静
韩文翻译　李昌炫

北京大学出版社
PEKING UNIVERSITY PRESS

图书在版编目（CIP）数据

轻松汉语：初级汉语口语（下册）/王尧美主编. —北京：北京大学出版社，2010.1
（北大版长期进修汉语教材）
ISBN 978-7-301-15996-5

Ⅰ．轻…　Ⅱ．王…　Ⅲ．汉语–口语–对外汉语教学–教材　Ⅳ．H195.4
中国版本图书馆CIP数据核字（2009）第187715号

书　　名：	轻松汉语——初级汉语口语（下册）
著作责任者：	王尧美　主编
责 任 编 辑：	贾鸿杰　sophiajia@yahoo.com.cn
标 准 书 号：	ISBN 978-7-301-15996-5/H·2349
出 版 发 行：	北京大学出版社
地　　　址：	北京市海淀区成府路205号　100871
网　　　址：	http://www.pup.cn
电　　　话：	邮购部 62752015　发行部 62750672　编辑部 62752028　出版部 62754962
电 子 信 箱：	zpup@pup.pku.edu.cn
印 刷 者：	北京大学印刷厂
经 销 者：	新华书店
	787毫米×1092毫米　16开本　14.25印张　274千字
	2010年1月第1版　2010年1月第1次印刷
印　　　数：	0001~3000册
定　　　价：	46.00元（含MP3盘1张）

未经许可，不得以任何方式复制或抄袭本书之部分或全部内容。
版权所有，侵权必究
　　　　　举报电话：010-62752024
　　　　　电子信箱：fd@pup.pku.edu.cn

前 言

一、编写说明

本人2002年在韩国工作期间,为完成国家汉办的调研项目,对韩国十几所大学的中文教材做了广泛深入的调查,回国后又对国内市场上的对外汉语教材做了比较细致的研究,发现与《高等学校外国留学生汉语教学大纲》(简称《大纲》,北京语言文化大学出版社2002年版)配套的比较合适的教材比较少。《轻松汉语》这套教材就是完全依据《大纲》而编写的。

《轻松汉语——初级汉语口语》以培养学习者的汉语口语交际能力为目标,既可以用于长期教学,也可以用于短期教学,教学对象为汉语初级阶段的学习者。教材分上、下两册,上册25课,下册20课,共45课。可供每周8~10学时,每学期18~20周的课堂教学使用一个学年。

课文内容取材于真实的交际环境,涉及的生活面较广,从不同的侧面展现来自不同文化背景的留学生在中国的真实生活。所选用的词语、句式契合留学生的实际需要,课堂上学过的,马上就可以在生活中使用,能有效地建立初学者的自信心。

词汇、语言点紧扣国家汉办《大纲》。每一课的中心话题都依据《大纲》的交际项目而编写。

课本的编写设计也吸收了第二语言习得理论,如任务型语言教学最新的研究成果,强调课堂教学中以学生为中心,重视学生活动,重视任务实践,语言生动、活泼。

二、下册教材体例

1.课文:形式上由两段对话和简单的叙述性语段组成。内容包括社会交往、点菜吃饭、寻医问药、邮电通讯、参观旅游等，涵盖《大纲》中的初级交际项目的25个功能项目。

2.注释：选择口头交际中常用的口语表达格式进行解释说明，说明和例子都注意使用简练、易懂的语言，适合学生的水平。

3.练习：力求体现第二语言学习的习得规律。练习主要分五类，体现了第二语言学习过程中螺旋式上升的过程。具体地说：

第一类："朗读句子"和"回答问题"，是与课文有关的练习，着重考查学习者的语音、语调及对课文内容的掌握。

第二类："扩展"和"替换"，是针对主要句式的半机械性的练习。

第三类："情境实践"，训练学习者对语言点的实际运用能力，这是从机械练习转入语言交际的重要一环。

第四类："交际任务"，运用任务型语言教学的研究成果，在课堂上模拟真实的交际环境进行交际训练，这是对第二语言学习目标实现程度的综合考查。

第五类："补充词语"，是为那些学有余力的学生准备的，也可以作为当课的补充生词。

三、编写人员

本套教材的编写人员都是在对外汉语教学第一线工作多年的高校教师。他们在教学实践中积累了丰富的教学经验，又有相当深厚的理论修养。他们主持或承担了许多重要的科研项目，并承担过多种对外汉语教材的编写工作，这一切都保证了本套教材的高质量。

在本套教材将要付梓之际，我们向北京大学出版社沈浦娜主任、责任编辑贾鸿杰老师表示衷心感谢。在本套教材的编写过程中，她们给了我们很多的建议和鼓励，感谢她们为这套教材的顺利出版付出的心血和汗水。

在这里，我们要感谢山东大学国际教育学院、山东师范大学国际交流学院的领导和同事的支持。感谢那些在教材试用时为我们提过建议的外国留学生和汉语教师。最后我们还要感谢一直支持我们的家人。

王尧美

山东大学国际教育学院

Contents 目录

第一课　外边怎么这么吵？
Lesson One　Why is it so noisy outside?
제 1 과　바깥이 왜 이리 시끄럽죠?.. 1

第二课　我们把家里收拾一下儿吧
Lesson Two　Let's tidy up the house
제 2 과　우리 집안을 좀 정리합시다.. 9

第三课　这件红色的旗袍更漂亮
Lesson Three　This red cheongsam is more beautiful
제 3 과　이 붉은 색의 치파오가 더 아름답습니다..................................... 19

第四课　对不起，让大家久等了
Lesson Four　Sorry for keeping everybody waiting
제 4 과　여러분을 오래 기다리게 해서 죄송합니다. 28

第五课　吃饭我当然有空儿
Lesson Five　Of course I am free to have a meal
제 5 과　밥먹을 시간은 당연히 있습니다 40

第六课　去口腔科也是一样的顺序
Lesson Six　It is the same procedure of seeing a stomatology
제 6 과　치과에 가는 것도 같은 순서입니다.. 49

第七课　感觉轻松多了
Lesson Seven　I feel more relaxed
제 7 과　훨씬 가뿐해진 느낌이에요. 59

第八课　他们为顾客考虑得真周到
Lesson Eight　They're so thoughtful for customers
제 8 과　그들은 고객을 위해 정말 주도면밀하게 배려합니다..... 70

第九课　罗伯特上报纸了
Lesson Nine　Robert has been reported on newspaper
제 9 과　로버트가 신문에 났습니다 81

第十课　我想预订房间
Lesson Ten　I want to book rooms
제 10 과　저는 방을 예약하고 싶습니다 93

第十一课　下车的时候请拿好你的东西
Lesson Eleven　Please take your stuff with you when getting off the bus
제 11 과　차에서 내릴때 당신의 물건을 잘 챙기십시오 104

第十二课　我刚收到姐姐从法国寄来的包裹
Lesson Twelve　I have just received the parcel my sister sent to me from France
제 12 과　저는 언니가 프랑스에서 보낸 소포를 이제 막 받았습니다 115

第十三课　怎么办理登机手续呢？
Lesson Thirteen　How to deal with boarding procedures?
제 13 과　탑승수속을 어떻게 처리하지요? 126

第十四课　小姐，我要寄这些书
Lesson Fourteen　Miss, I want to post these books
제 14 과　아가씨. 저는 이 책들을 부치려고 합니다 135

第十五课　唱中文歌也是学习汉语
Lesson Fifteen　Singing Chinese songs is a way of learning Chinese
제 15 과　중국노래를 부르는 것도 중국어를 학습하는 것입니다 147

第十六课　普洱茶对胃有好处
Lesson Sixteen　Pu'er tea is good for stomach
제 16 과　보이차는 위장에 좋습니다 158

目录 Contents

第十七课　　外面下雪了
Lesson Seventeen　It snows outside
　제 17 과　　밖에 눈이 옵니다..169

第十八课　　学习汉语的原因
Lesson Eighteen　Reasons for learning Chinese
　제 18 과　　중국어를 배우는 까닭..180

第十九课　　你们家装修得真漂亮
Lesson Nineteen　Your house is furnished so beautifully
　제 19 과　　당신 집은 정말 아름답게 꾸며졌습니다................189

第二十课　　你什么时候再来中国?
Lesson Twenty　When will you come to China again?
　제 20 과　　당신은 언제 다시 중국에 옵니까?.........................199

词汇总表
Vocabulary
단어 색인　　..208

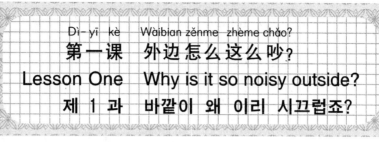

第一课 外边怎么这么吵?
Lesson One Why is it so noisy outside?
제 1 과 바깥이 왜 이리 시끄럽죠?

 生词 NEW WORDS 새로 나온 단어

1.	外边	wàibian	(名)	outside	바깥. 밖
2.	吵	chǎo	(形)	noisy	시끄럽다 (동): 떠들다. 말다툼하다
3.	开	kāi	(动)	to open, to start	열다. 시작하다. 개최하다
4.	会	huì	(名)	meeting, conference	회. 모임. 단체
5.	羡慕	xiànmù	(动)	to admire	부러워하다
6.	模拟	mónǐ	(动)	to simulate	모방하다. 본뜨다
7.	试题	shìtí	(名)	test questions	시험문제
8.	熬夜	áo yè		to stay up all night (or late)	밤샘하다. 철야하다
9.	实在	shízài	(副)	real, solid, substantive	확실히. 참으로. 정말로
10.	坏	huài	(形)	bad	상하다. 고장나다
11.	用功	yònggōng	(形)	diligent	열심히 공부하다. 힘쓰다. 노력하다
12.	不见得	bújiànde		not necessarily	반드시 ~라고 말할 수는 없다
13.	效率	xiàolǜ	(名)	efficiency	효율. 능률
14.	为了	wèile	(介)	for, so as to do, for the sake of	~을 위하여

15.	福利院	fúlìyuàn	（名）	welfare center	복지회관, 고아원
16.	女生	nǚshēng	（名）	female student	여학생 여성
17.	深	shēn	（形）	deep	깊다. 정도가 깊다
18.	印象	yìnxiàng	（名）	impression	인상
19.	中医	zhōngyī	（名）	doctor of traditional Chinese medicine	중의. 중국전통의학으로 치료하는 의사
20.	主要	zhǔyào	（形）	main	주요하다 중요하다.
21.	针灸	zhēnjiǔ	（名）	acupuncture	한의학상의 침구. 침질과 뜸질
22.	推拿	tuīná	（名）	massage	추나요법. 안마하다.
23.	儿童	értóng	（名）	child, children	아동
24.	容易	róngyì	（形）	easy	용이하다. 쉽다.
25.	目的	mùdì	（名）	purpose	목적

Yī. Wàibian zěnme zhème chǎo?
一、外边怎么这么吵？
Part One Why is it so noisy outside?
회화 1 바깥이 왜 이리 시끄럽죠?

朴大佑： 外边怎么这么吵？
李知恩： 小学生们在开运动会。
朴大佑： 真羡慕这些孩子，要是我现在也是小孩子多好啊。
李知恩： 你还是好好儿准备HSK考试吧。对了，今天你为什么没去上课呀？
朴大佑： 这几天我做完了那本HSK模拟试题。因为一直熬夜，实在累坏了。
李知恩： 你这样用功，效果不见得好。上课学习，效率更高。
朴大佑： 你说得对！我现在还是回宿舍睡觉吧，明天见！

第一课　外边怎么这么吵？

（留学生宿舍隔壁是一个小学校）
(The apartment for the international students is next to a primary school)
(유학생 기숙사의 이웃에 초등학교가 있습니다)

Piáo Dàyòu： Wàibian zěnme zhème chǎo?

Lǐ Zhī'ēn： Xiǎoxuéshēngmen zài kāi yùndònghuì.

Piáo Dàyòu： Zhēn xiànmù zhèxiē háizi, yàoshi wǒ xiànzài yě shì xiǎoháizi duō hǎo a.

Lǐ Zhī'ēn： Nǐ háishi hǎohāor zhǔnbèi HSK kǎoshì ba. Duì le, jīntiān nǐ wèi shénme méi qù shàngkè ya?

Piáo Dàyòu： Zhè jǐ tiān wǒ zuòwán le nà běn HSK mónǐ shìtí. Yīnwèi yìzhí áoyè, shízài lèihuài le.

Lǐ Zhī'ēn： Nǐ zhèyàng yònggōng, xiàoguǒ bújiànde hǎo. Shàngkè xuéxí, xiàolǜ gèng gāo.

Piáo Dàyòu： Nǐ shuō de duì! Wǒ xiànzài háishi huí sùshè shuìjiào ba, míngtiān jiàn!

（朴大佑说）
　　因为准备HSK考试，我这几天一直熬夜做模拟试题，实在累坏了，所以今天没去上课。我这样用功，效果不见得好。知恩说得对，还是上课学习效率更高，以后我不再熬夜了。

（Piáo Dàyòu shuō）
　　Yīnwèi zhǔnbèi HSK kǎoshì, wǒ zhè jǐ tiān yìzhí áoyè zuò mónǐ shìtí, shízài lèihuài le, suǒyǐ jīntiān méi qù shàng kè. Wǒ zhèyàng yònggōng, xiàoguǒ bújiànde hǎo. Zhī'ēn shuō de duì, háishi shàngkè xuéxí xiàolǜ gèng gāo, yǐhòu wǒ bú zài áoyè le.

Èr Wèile bāngzhù fúlìyuàn de háizi
二、为了帮助福利院的孩子
Part Two In order to help the kids in the welfare center
회화 2 고아원의 아이들을 돕기 위하여

(刘老师在教室和学生们说话)
(Mr.Liu is talking with the students in the classroom)
(유선생님이 교실에서 학생들과 얘기하는장면)

刘老师：我教过的一位韩国女生给我留下了很深的印象。
李知恩：她是哪一年来中国的？
刘老师：1992年秋天。她来学习中医，主要是学习针灸和推拿。
李知恩：她本来是学医的吗？
刘老师：不是。她在一家儿童福利院工作。
李知恩：那她为什么要学中医呢？我知道学中医很不容易。
刘老师：她是为了帮助福利院的孩子们。
李知恩：为了这个目的学习，她一定非常努力。

第一课　外边怎么这么吵？

Liú lǎoshī： Wǒ jiāoguo de yí wèi Hánguó nǚshēng gěi wǒ liúxià le hěn shēn de yìnxiàng.

Lǐ Zhī'ēn： Tā shì nǎ yì nián lái Zhōngguó de?

Liú lǎoshī： Yī-jiǔ-jiǔ-èr nián qiūtiān. Tā lái xuéxí zhōngyī, zhǔyào shì xuéxí zhēnjiǔ hé tuīná.

Lǐ Zhī'ēn： Tā běnlái shì xué yī de ma?

Liú lǎoshī： Bú shì. Tā zài yì jiā értóng fúlìyuàn gōngzuò.

Lǐ Zhī'ēn： Nà tā wèi shénme yào xué zhōngyī ne? Wǒ zhīdao xué zhōngyī hěn bù róngyì.

Liú lǎoshī： Tā shì wèile bāngzhù fúlìyuàn de háizimen.

Lǐ Zhī'ēn： Wèile zhè ge mùdì xuéxí, tā yídìng fēicháng nǔlì.

（刘老师说）
　　1992年秋天，一个韩国女生来中国学习中医。她本来是在一家儿童福利院工作，为了帮助福利院的孩子们，她主要学习针灸和推拿。学中医很不容易，她的努力给我留下了很深的印象。

（Liú lǎoshī shuō）
　　Yī-jiǔ-jiǔ-èr nián qiūtiān, yí ge Hánguó nǚshēng lái Zhōngguó xuéxí zhōngyī. Tā běnlái shì zài yì jiā értóng fúlìyuàn gōngzuò, wèile bāngzhù fúlìyuàn de háizimen, tā zhǔyào xuéxí zhēnjiǔ hé tuīná. Xué zhōngyī hěn bù róngyì, tā de nǔlì gěi wǒ liúxià le hěn shēn de yìnxiàng.

注释　Notes　주석

一、真羡慕这些孩子，要是我现在也是小孩子多好啊

"要是……多好啊"用于设想一种理想的情况。例如：
"要是……多好啊" is used in subjunctive mood. e.g.
"要是…多好啊"는 '만약~한다면 얼마나 좋겠는가'라는 일종의 이상적인 상황에 대한 가설이다. 예를 들면:

(1) 要是我妈妈现在也在这儿多好啊。
(2) 要是我会说四五种外语多好啊。

二、你这样用功，效果不见得好

"不见得"是"不一定"的意思。例如：
"不见得" means ,"not sure; not necessarily". e.g.
"不见得" 는 "不一定" 과 같은뜻으로 '꼭 그렇지는않다' 이다. 예를 들면：
(1) 年龄小，不见得水平低。
(2) 明天不见得有时间，我们现在就去吧。

 练习   Exercises   연습문제

一、朗读句子／Please read aloud／ 정확한 발음과 성조로 아래의 예문을 읽으시오

1. 外边怎么这么吵？
2. 真羡慕这些孩子，要是我现在也是小孩子多好啊。
3. 你还是好好儿准备HSK考试吧。
4. 对了，今天你为什么没去上课呀？
5. 因为一直熬夜，实在累坏了。
6. 你这样用功，效果不见得好。上课学习，效率更高。
7. 你说得对！我现在还是回宿舍睡觉吧，明天见！
8. 我教过的一位韩国女生给我留下了很深的印象。
9. 她本来是学医的吗？
10. 那她为什么要学中医呢？我知道学中医很不容易。
11. 她是为了帮助福利院的孩子们。
12. 为了这个目的学习，她一定非常努力。

二、回答问题／Please answer the questions／다음 문제에 답하시오

1. 李知恩的宿舍外面为什么那么吵？
2. 朴大佑最近在忙什么？
3. 朴大佑的学习安排得好吗？
4. 刘老师说的那位韩国女生来中国学习什么？为什么？
5. 那位韩国女生本来在哪儿工作？
6. 那位韩国女生在中国学习努力吗？为什么？

三 扩展 / Accumulating / 확장연습

1. 怎么了　怎么样　怎么做　怎么办　怎么回事
2. 开会　开门　开车　开头　开始　开业　开关　开课
3. 好好儿说　好好儿听　好好儿玩儿　好好儿吃
4. 对……有很深的印象　给……留下美好的印象　对……印象很深
   对……印象很好

四 替换 / Substitution and extension / 변환 연습

1. <u>外边</u>　怎么这么　<u>吵</u>?

   | 你的房间 | 漂亮 |
   | 学校里 | 热闹 |

2. <u>小学生们</u>　在　<u>开运动会</u>。

   | 留学生们 | 上书法课 |
   | 孩子们 | 唱歌 |

3. 要是　<u>我现在也是小孩子</u>　多好啊。

   我能完全听懂你说的话
   我能再回来生活几年

4. 你还是好好儿 <u>准备HSK考试</u> 吧。

   练习一下儿你的汉字
   休息几天

5. 对了,<u>今天你为什么没去上课呀?</u>

   我们明天下午要去参观。
   我还要买几瓶水。

6. 因为一直<u>熬夜</u>,　实在　<u>累</u>　坏了。

   | 没吃饭 | 饿 |
   | 在准备晚会 | 忙 |

7. 你这样用功，效果不见得好。

> 你吃这么多营养品
> 你总是吃这种药

8. 上课学习，效率更高。

> 多练习口语　效果　好
> 经常运动　　身体　健康

9. 我教过的一位韩国女生给我留下了很深的印象。

> 我认识的一些中国朋友
> 我看过的一本书

10. 她是为了帮助福利院的孩子们。

> 照顾好那些病人
> 能经常给父母打电话

五 情境实践 / Situation practice / 상황연습

1. 昨天我给你打电话，你怎么没接？　　　　　　　　（因为）
2. 老师进来的时候，你在做什么？　　　　　　　　　（在）
3. 如果你现在是中学生，你觉得怎么样？　　　　　（要是……多好啊）
4. 学习外语一定要到目的语国家去学习吗？　　　　　（不见得）
5. 你觉得旅游对汉语水平的提高有帮助吗？　　　　　（目的）
6. 在中国留学期间，什么事情让你很难忘记？　　　　（深刻的印象）

六 交际任务 / Intercommunication practice / 역할 연습

说一说自己在中国印象最深刻的一次经历。

七 补充词语 / Over the vocabulary / 보충단어

开夜车　勤奋　刻苦　努力　用功　下功夫
学习效果　成效　有效　讲究效率　高效
HSK模拟试题　HSK仿真试题　HSK指南　HSK辅导班
中医　中药　中草药　开药方　一副中药　三味中药　煎药
望　闻　问　切　把脉

第二课 我们把家里收拾一下儿吧
Dì-èr kè Wǒmen bǎ jiālǐ shōushi yíxiàr ba
Lesson Two   Let's tidy up the house
제 2 과   우리 집안을 좀 정리합시다

生词 NEW WORDS 새로 나온 단어

1.	把	bǎ	(介)	used before a direct object, followed by a transitive verb	~을. ~를
2.	收拾	shōushi	(动)	tidy	치우다. 정리하다. 정돈하다
3.	负责	fùzé	(动)	to manage, to be in charge of	책임을 지다
4.	挂	guà	(动)	to hang	(못이나 고리에)걸다. 전화를 끊다
5.	柜子	guìzi	(名)	cupboard, cabinet	옷장
6.	地板	dìbǎn	(名)	floor	마루. 바닥
7.	擦	cā	(动)	to rub, to wipe, to scrape	닦다. 문지르다.
8.	打扫	dǎsǎo	(动)	to sweep, to clean up	청소하다
9.	干净	gānjìng	(形)	clean, clear	깨끗하다
10.	球赛	qiúsài	(名)	match, ball game	축구경기
11.	积极	jījí	(形)	positive, active	적극적이다

12.	位置	wèizhi	(名)	position, location	위치.
13.	外面	wàimian	(名)	outside	바깥. 밖
14.	租	zū	(动)	to rent	잉차하다. 세내다. 빌리다
15.	搬	bān	(动)	to move	운반하다. 옮기다. 이사하다
16.	南边	nánbian	(名)	south	남쪽
17.	只	zhǐ	(副)	only, mere	단지. 다만.
18.	分钟	fēnzhōng	(量)	minute	분.
19.	看上去	kàn shangqu		to look, to seem	보아하니
20.	环境	huánjìng	(名)	environment, conditions	환경
21.	房租	fángzū	(名)	rent	집세. 숙박료
22.	房东	fángdōng	(名)	landlord, lessor	집주인
23.	和气	héqì	(形)	agreeable, pleasant	온화하다. 부드럽다
24.	网	wǎng	(名)	internet	그물. 인터넷

专名	专名	Proper Noun	고유명사
开元山庄	Kāiyuán Shānzhuāng	Kaiyuan Apartment	개원산장

第二课　我们把家里收拾一下儿吧

Yī． Wǒmen bǎ jiāli shōushi yíxiàr ba
一、我们把家里收拾一下儿吧
Part One Let's tidy up the house
회화 1. 우리 집안을 좀 정리합시다

(周六早上，王玲和丈夫在家里)
(Saturday morning, Wang Ling and her husband are at home)
(토요일 아침 왕링과 그녀의 남편이 집에서 대화하는 장면)

王玲：我们把家里收拾一下儿吧。
丈夫：行。我负责收拾客厅。
王玲：你先把沙发上的衣服都挂到柜子里。
丈夫：没问题。我再把每个房间的地板都擦一遍。
王玲：上午把家里打扫干净，下午我们带孩子出去玩儿吧。
丈夫：你们去玩儿吧，把小狗也带出去，我就不去了。
王玲：为什么？
丈夫：下午有球赛。
王玲：难怪你今天这么积极！

Wáng Líng： Wǒmen bǎ jiāli shōushi yíxiàr ba.

Zhàngfu： Xíng. Wǒ fùzé shōushi kètīng.

Wáng Líng： Nǐ xiān bǎ shāfā shang de yīfu dōu guàdào guìzi li.

Zhàngfu： Méi wèntí. Wǒ zài bǎ měi ge fángjiān de dìbǎn dōu cā yí biàn.

Wáng Líng： Shàngwǔ bǎ jiāli dǎsǎo gānjìng, xiàwǔ wǒmen dài háizi chūqu wánr ba.

Zhàngfu： Nǐmen qù wánr ba, bǎ xiǎo gǒu yě dài chuqu, wǒ jiù bú qù le.

Wáng Líng： Wèi shénme?

Zhàngfu： Xiàwǔ yǒu qiúsài.

Wáng Líng： Nánguài nǐ jīntiān zhème jījí!

（王玲说）

我们今天要把家里收拾一下儿。丈夫负责收拾客厅，把衣服挂到柜子里，再把地板擦一遍。我想上午一起把家里打扫干净，下午带孩子出去玩儿，可是他要看球赛，难怪他这么积极！又要收拾客厅，又要擦地板。好吧，想看球赛就看吧。

（Wáng Líng shuō）

Wǒmen jīntiān yào bǎ jiāli shōushi yíxiàr. Zhàngfu fùzé shōushi kètīng, bǎ yīfu guàdào guìzi li, zài bǎ dìbǎn cā yí biàn. Wǒ xiǎng shàngwǔ yìqǐ bǎ jiāli dǎsǎo gānjìng, xiàwǔ dài háizi chūqu wánr, kěshì tā yào kàn qiúsài, nánguài tā zhème jījí! Yòu yào shōushi kètīng, yòu yào cā dìbǎn. Hǎo ba, xiǎng kàn qiúsài jiù kàn ba.

二、房子在什么位置？
Èr. Fángzi zài shénme wèizhi?
Part Two Where is the house located?
회화 2. 집이 어디입니까?

(朴大佑在学校遇见海伦)
(Park Dea-wu meets Helen on campus)
(박대우가 학교에서 해륜과 만나는 장면)

朴大佑：海伦，听说你自己在外面租房子住了？
海　伦：是啊，上个星期天刚刚搬走的。
朴大佑：房子在什么位置？离学校远吗？
海　伦：不太远，就在学校南边的开元山庄，骑自行车到学校只需要20分钟。
朴大佑：我去过那儿，房子看上去都很漂亮，环境也很安静。房租贵吗？
海　伦：一个月700元，我觉得还可以。房东不错，人很和气。
朴大佑：你是怎么找到房子的？
海　伦：从网上看到的。我觉得条件不错，就约了房东看房子，很快就决定了。

Piáo Dàyòu : Hǎilún, tīngshuō nǐ zìjǐ zài wàimian zū fángzi zhù le?
Hǎilún : Shì a, shàng ge xīngqītiān gānggāng bānzǒu de.
Piáo Dàyòu : Fángzi zài shénme wèizhi? Lí xuéxiào yuǎn ma?
Hǎilún : Bú tài yuǎn, jiù zài xuéxiào nánbian de Kāiyuán Shānzhuāng, qí zìxíngchē dào xuéxiào zhǐ xūyào èrshí fēnzhōng.
Piáo Dàyòu : Wǒ qùguo nàr, fángzi kàn shangqu dōu hěn piàoliang, huánjìng yě hěn ānjìng. Fángzū guì ma?
Hǎilún : Yí ge yuè qī bǎi yuán, wǒ juéde hái kěyǐ. Fángdōng búcuò, rén hěn héqì.
Piáo Dàyòu : Nǐ shì zěnme zhǎodào fángzi de?
Hǎilún : Cóng wǎngshang kàndào de. Wǒ juéde tiáojiàn búcuò, jiù yuēle fángdōng kàn fángzi, hěnkuài jiù juédìng le.

（海伦说）
　　我在开元山庄租了房子。那里的房子都很漂亮，环境也很安静，离学校不太远，我骑自行车到学校只需要20分钟。我是从网上找到这个房子的，条件不错，房租也不太贵。我约了房东看房子，很快就决定了。上个星期天我刚刚搬完家。

（Hǎilún shuō）
　　Wǒ zài Kāiyuán Shānzhuāng zūle fángzi. Nàli de fángzi dōu hěn piàoliang, huánjìng yě hěn ānjìng, lí xuéxiào bú tài yuǎn, wǒ qí zìxíngchē dào xuéxiào zhǐ xūyào èrshí fēnzhōng. Wǒ shì cóng wǎngshang zhǎodào zhè ge fángzi de, tiáojiàn búcuò, fángzū yě bú tài guì. Wǒ yuēle fángdōng kàn fángzi, hěnkuài jiù juédìng le. Shàng ge xīngqītiān wǒ gānggāng bānwán jiā.

注释　Notes　주석

一、骑自行车到学校只需要20分钟

副词"只"表示除此以外没有别的，限制与动作有关的事物的数量。例如：

"只", an adverb, expressing that there is no other things in addition, means "only" which is used to set a limitation to the quantity.e.g.

부사 "只"는 단지, 다만, 겨우, 고작 말고 다른 것은 없으며, 여기에서는 동작과 관련한 사물의 수량을 한정 한다. 예를 들면:

（1）我只迟到了五分钟。
（2）他长这么大，只生过一次病。
（3）这件事只有他一个人知道。

二、房子看上去都很漂亮，环境也很安静

"看上去"是插入语。表示从外表推测、估计。例如：

"看上去" is a parenthesis used to anticipate the result based on the appearance.e.g.

"看上去" 삽입어로서 외관상으로 보아서 추측하거나 예측하는 것을 의미한다. 예를 들면:

（1）这位老师看上去只有二十四五岁。
（2）你今天看上去特别精神。

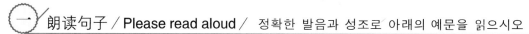

一、朗读句子 / Please read aloud / 정확한 발음과 성조로 아래의 예문을 읽으시오

1. 我们把家里收拾一下儿吧。
2. 你们去玩儿吧，把小狗也带出去，我就不去了。
3. 为什么？
4. 难怪你今天这么积极！
5. 海伦，听说你自己在外面租房子住了？
6. 是啊，上个星期天刚刚搬走的。
7. 不太远，就在学校南边的开元山庄。
8. 一个月700元，我觉得还可以。
9. 你是怎么找到房子的？
10. 我觉得条件不错，就约了房东看房子，很快就决定了。

二、回答问题 / Please answer the questions / 다음 문제에 답하시오

1. 王玲要跟丈夫一起做什么？
2. 丈夫负责做什么？

3. 王玲希望下午做什么？
4. 丈夫下午要做什么？
5. 海伦新租的房子在哪儿？
6. 海伦的房子离学校远吗？
7. 海伦每天怎么到学校上课？
8. 海伦是怎么找到房子的？

三 扩展 / Accumulating / 확장연습

1. 请把书打开　　把练习本放在桌子上　　把地址写下来　　把东西整理整理
2. 挂在墙上　　挂到柜子里　　挂在门边　　挂起来
3. 打扫房间　　打扫卫生　　打扫干净　　打扫一下儿
4. 搬家　　搬家公司　　搬上来　　搬不动
5. 看上去　　看起来　　看上去不错　　看起来挺好的
6. 环境优美　　环境污染　　环境保护　　保护环境　　环境问题　　美化环境
   自然环境
7. 房租　　租金　　押金　　租约　　出租　　合租　　房东　　房主　　房客

四 替换 / Substitution and extension / 변환 연습

1. 我们把　家里　收拾一下儿吧。

| 房间 | 收拾收拾 |
| 衣服 | 洗一洗 |

2. 你先把　沙发上的衣服　都　挂到柜子里。

| 照片 | 放在桌子上 |
| 作业 | 交给老师 |

3. 我再把　每个房间的地板　都　擦一遍。

| 这三篇课文 | 读几遍 |
| 这些汉字 | 写一写 |

4. 上午　把　家里　打扫干净，下午我们　带孩子　出去玩儿吧。

| 作业 | 写完 | 跟朋友一起 |
| 东西 | 买回来 | 开车 |

5. 听说　你自己在外面租房子住了?

> 你最近要回国，是吗
> 你们去云南旅游了，那里怎么样

6. 上个星期天刚刚　搬走的。

> 开始的
> 去过的

7. 不太远，就在　学校南边的开元山庄。

> 广场东边
> 宿舍旁边

8. 骑自行车　到学校　只需要　20分钟。

> 坐地铁　　　半个小时
> 坐公共汽车　一刻钟

9. 房子　看上去　都很漂亮，环境也很安静。

> 你　　　　很高兴
> 这个地方　很像花园

五、情境实践 / Situation practice / 상황 연습

1. 这个周末有朋友来，你要准备什么？　　　　　　（把　收拾）
2. 下课了，你一般怎么收拾东西？　　　　　　　　（把　放进）
3. 你没看过电影《手机》，但是你看过报纸上的介绍。（听说）
4. 你住的地方离学校远吗？　　　　　　　　　　　（就在）
5. 你喜欢住在什么样的地方？　　　　　　　　　　（干净　安静）

六、交际任务 / Intercommunication practice / 역할 연습

在中国，你知道怎么才能租到合适的房子吗？谈谈你喜欢的住房条件。

七、补充词语 / Over the vocabulary / 보충단어

餐厅　餐桌　餐具　盘子　碗　碟子　筷子　勺　刀　叉　纸巾
厨房　水池　洗洁净　抹布　煤气灶　抽油烟机　饮水机　拖把
扫帚

卫生间　淋浴　水龙头　浴盆　浴液　浴巾　洗手池　电吹风　电动剃须刀
洗手间　厕所　电梯　书房　书桌　书柜　写字台　笔筒
梳子　香皂　洗发水　润发乳　毛巾　拖鞋

Dì-sān kè　　Zhè jiàn hóngsè de　qípáo gèng piàoliang
第三课　这件红色的旗袍更 漂亮
Lesson Three　This red cheongsam is more beautiful
제 3 과　이 붉은 색의 치파오가 더 아름답습니다

 生词　NEW WORDS　새로 나온 단어

1.	旗袍	qípáo	(名)	cheongsam	치파오. 중국여자가 입는 원피스 모양의 의상
2.	真丝	zhēnsī	(名)	mousseline; puresilk	순견. 실크.
3.	凉快	liángkuai	(形)	nice and cool	시원하다. 선선하다
4.	领子	lǐngzi	(名)	collar	옷깃. 칼라
5.	矮	ǎi	(形)	low, short	키가 작다
6.	袖子	xiùzi	(名)	sleeve	소매
7.	短	duǎn	(形)	short	짧다
8.	服务员	fúwùyuán	(名)	shop assistant	(종업원, 직원)
9.	量	liáng	(动)	to measure	(길이. 무게를) 재다. 달다
10.	尺寸	chǐcùn	(名)	size	(옷 따위의) 치수
11.	仔细	zǐxì	(形)	careful	꼼꼼하다. 세세하다
12.	放心	fàng xīn		to take it easy	마음을 놓다. 안심하다

13.	满意	mǎnyì	（动）	to satisfy	만족하다. 흡족하다
14.	饮食	yǐnshí	（名）	food and drink; diet	음식
15.	味道	wèidao	（名）	flavor; taste	맛
16.	可口	kěkǒu	（形）	tasty	맛있다. 입에 맞다
17.	黄	huáng	（形）	yellow	황색.（형）: 노랗다
18.	绿	lǜ	（形）	green	푸르다（명）:녹색
19.	爱	ài	（动）	to love, to be fond of	사랑하다. 좋아하다.
20.	方	fāng	（形）	square	사각형. 육각체
21.	长	cháng	（形）	long	길다.（명）: 긴것
22.	圆	yuán	（形）	round	둥글다
23.	它	tā	（代）	it	그. 그것
24.	代表	dàibiǎo	（动）	to represent	대표하다
25.	团圆	tuányuán	（动）	to reunite	흩어진 가족이 다시 모이다
26.	团聚	tuánjù	（动）	to reunite	한 자리에 다시 모이다
27.	照顾	zhàogù	（动）	to take care of	돌보다. 지키다
28.	温暖	wēnnuǎn	（形）	warm	온난하다, 따뜻하다.
29.	敬酒	jìng jiǔ		to toast	술을 권하다.
30.	杯	bēi	（名）	cup, glass	컵. 잔
31.	健康	jiànkāng	（形）	healthy	건강하다
32.	长寿	chángshòu	（形）	long-lived	장수하다

第三课　这件红色的旗袍更漂亮

一、Zhè jiàn hóngsè de qípáo gèng piàoliang
一、这件红色的旗袍更漂亮

Part One　This red cheongsam is more beautiful

회화 1. 이 붉은 색의 치파오가 더 아름답습니다

（朴大佑陪李知恩去服装店做旗袍）
(Lee Ji-en goes to toggery to order a cheongsam with the accompony of Park Dea-wu)
（박대우와 이지은이 옷가게에서 치파오를 맞추는 장면）

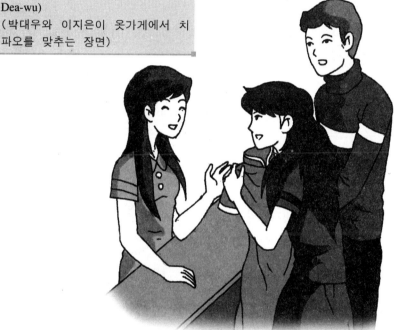

李知恩：大佑，你觉得这些旗袍哪种好看？
朴大佑：都不错，要是你穿呢，这件红色的更漂亮。
李知恩：我觉得也是，还是真丝的呢。
朴大佑：真丝的穿起来又舒服又凉快。
李知恩：不过，我想把衣服的领子做得矮一点儿，袖子做得短一点儿。
朴大佑：袖子可以短一点儿，领子还是高一点儿好。
李知恩：好，听你的。小姐，我要做旗袍。
服务员：好。先量一下儿尺寸。
李知恩：袖子能不能短一点儿？

服务员：可以。
李知恩：做的时候要仔细一些。
服务员：您放心吧，一定让您满意。

Lǐ Zhī'ēn: Dàyòu, nǐ juéde zhèxiē qípáo nǎ zhǒng hǎokàn?
Piáo Dàyòu: Dōu búcuò, yàoshi nǐ chuān ne, zhè jiàn hóngsè de gèng piàoliang.
Lǐ Zhī'ēn: Wǒ juéde yě shì, háishi zhēnsīde ne.
Piáo Dàyòu: Zhēnsīde chuān qilai yòu shūfu yòu liángkuai.
Lǐ Zhī'ēn: Búguò, wǒ xiǎng bǎ yīfu de lǐngzi zuò de ǎi yìdiǎnr, xiùzi zuò de duǎn yìdiǎnr.
Piáo Dàyòu: Xiùzi kěyǐ duǎn yìdiǎnr, lǐngzi háishi gāo yìdiǎnr hǎo.
Lǐ Zhī'ēn: Hǎo, tīng nǐ de. Xiǎojie, wǒ yào zuò qípáo.
Fúwùyuán: Hǎo. Xiān liáng yíxiàr chǐcùn.
Lǐ Zhī'ēn: Xiùzi néngbunéng duǎn yìdiǎnr?
Fúwùyuán: Kěyǐ.
Lǐ Zhī'ēn: Zuò de shíhou yào zǐxì yìxiē.
Fúwùyuán: Nín fàngxīn ba, yídìng ràng nín mǎnyì.

（李知恩说）
　　我要做旗袍，朴大佑说我穿那件红色的更漂亮，我觉得也是。不过我想把袖子做得短一点儿，服务员说可以，她让我放心，还说一定让我满意。

（Lǐ Zhī'ēn shuō）
　　Wǒ yào zuò qípáo, Piáo Dàyòu shuō wǒ chuān nà jiàn hóngsè de gèng piàoliang, wǒ juéde yě shì. Búguò wǒ xiǎng bǎ xiùzi zuò de duǎn yìdiǎnr, fúwùyuán shuō kěyǐ, tā ràng wǒ fàngxīn, hái shuō yídìng ràng wǒ mǎnyì.

第三课　这件红色的旗袍更漂亮

Èr、Yǐnshí yě shì yì zhǒng wénhuà
二、饮食也是一种文化
Part Two　The diet is a kind of culture too
회화 2. 음식도 일종의 문화입니다

(朴大佑和李知恩在张明家吃饭)
(Park Dea-wu and Lee Ji-en are having a meal at Zhang Ming's home)
(박대우와 이지은이 장명의 집에서 식사하는 장면)

张明妈：饭菜味道怎么样？可口吗？
朴大佑：阿姨，您做的饭味道好极了，颜色也很好看，有红的、黄的、绿的，让人爱吃又爱看。
张明妈：饮食也是一种文化，中国人的习惯跟你们很不一样吧？
朴大佑：可不是，您看，我们用方桌和长桌，中国人喜欢圆桌。
张明妈：对，中国人特别喜欢圆的东西，因为它代表了团圆。
朴大佑：我们韩国人也一样，每到节假日，全家人都团聚在一起。
李知恩：我们来中国以后，你们全家人都非常照顾我们，让我们感受到家庭的温暖。非常感谢！
朴大佑：对，我和知恩敬阿姨一杯酒，祝您健康长寿！
张明妈：谢谢！

Zhāng Míng mā : Fàncài wèidao zěnmeyàng? Kěkǒu ma?

Piáo Dàyòu : Āyí, nín zuò de fàn wèidao hǎojí le, yánsè yě hěn hǎokàn, yǒu hóngde, huángde, lǜde, ràng rén ài chī yòu ài kàn.

Zhāng Míng mā : Yǐnshí yěshì yì zhǒng wénhuà, Zhōngguórén de xíguàn gēn nǐmen hěn bù yíyàng ba?

Piáo Dàyòu : Kěbushì, nín kàn, wǒmen yòng fāngzhuō hé chángzhuō, Zhōngguórén xǐhuan yuánzhuō.

Zhāng Míng mā : Duì, Zhōngguórén tèbié xǐhuan yuán de dōngxi, yīnwèi tā dàibiǎole tuányuán.

Piáo Dàyòu: Wǒmen Hánguórén yě yíyàng, měi dào jiéjiàrì, quán jiā rén dōu tuánjù zài yìqǐ.

Lǐ Zhī'ēn : Wǒmen lái Zhōngguó yǐhòu, nǐmen quán jiā rén dōu fēicháng zhàogù wǒmen, ràng wǒmen gǎnshòu dào jiātíng de wēnnuǎn. Fēicháng gǎnxiè!

Piáo Dàyòu : Duì, wǒ hé Zhī'ēn jìng āyí yì bēi jiǔ, zhù nín jiànkāng chángshòu!

Zhāng Míng mā : Xièxiè!

（朴大佑说）

张明的妈妈做的饭味道好极了，颜色也很好看，让人爱看又爱吃。饮食是一种文化，中国人的习惯跟我们很不一样，他们喜欢用圆桌，我们用方桌和长桌。中国人特别喜欢圆的东西，因为它代表了团圆。我们韩国人也一样，每到节假日，全家人都团聚在一起。我和知恩敬了张明全家一杯酒，感谢他们对我们的照顾。

（Piáo Dàyòu shuō）

Zhāng Míng de māma zuò de fàn wèidao hǎojí le, yánsè yě hěn hǎokàn, ràng rén ài kàn yòu ài chī. Yǐnshí shì yì zhǒng wénhuà, Zhōngguórén de xíguàn gēn wǒmen hěn bù yíyàng, tāmen xǐhuan yòng yuánzhuō, wǒmen yòng fāngzhuō hé chángzhuō. Zhōngguórén tèbié xǐhuan yuán de dōngxi, yīnwèi tā dàibiǎole tuányuán. Wǒmen Hánguórén yě yíyàng, měi dào jiéjiàrì, quán jiā rén dōu tuánjù zài yìqǐ. Wǒ hé Zhī'ēn jìngle Zhāng Míng quán jiā yì bēi jiǔ, gǎnxiè tāmen duì wǒmen de zhàogù.

 注释   Notes   주석

好，听你的。小姐，我要做旗袍

"听你的"，意思是：你说怎么做，我就怎么做，无条件地按照你的意见做。例如：

"听你的" means follow your advice without any hesitation. e.g.

"听你的" 는 상대방이 하라는 대로 무조건 따르겠다 는 뜻이다, 예를 들면：

(1) A：我们去哪儿吃饭呢？
　　B：听你的。去哪儿都可以。

(2) A：我们怎么去呢？
　　B：听你的。

 练习   Exercises   연습문제

一 朗读句子 / Please read aloud / 정확한 발음과 성조로 아래의 예문을 읽으시오

1. 袖子做得短一点儿。
2. 我要做旗袍。
3. 饮食也是一种文化。
4. 您做的饭味道好极了。
5. 祝您健康长寿！

二、回答问题 / Please answer the questions / 다음 문제에 답하시오

1. 李知恩去做什么衣服？
2. 朴大佑觉得李知恩穿什么颜色的旗袍更好看？
3. 真丝的旗袍穿起来感觉怎么样？
4. 张明的妈妈做的饭怎么样？
5. 为什么中国人特别喜欢圆的东西？

三、扩展 / Accumulating / 확장연습

1. 高　　　　　高一点儿　　　　　高一点儿好
2. 满意　　　　让你满意　　　　　一定让你满意
3. 味道　　　　味道好　　　　　　味道好极了
4. 敬酒　　　　敬一杯酒　　　　　敬你一杯酒
5. 短一点儿　　做得短一点儿　　　把袖子做得短一点儿

四、替换 / Substitution and extension / 변환 연습

1. 这件 <u>红色的</u> 更 <u>漂亮</u>。

| 真丝 | 舒服 |
| 高领 | 好看 |

2. <u>真丝的</u>　<u>穿</u>　起来　<u>又舒服又凉快</u>。

| 这种水果 | 吃 | 又酸又甜 |
| 这个样子 | 看 | 又年轻又漂亮 |

3. 我想把 <u>衣服的领子做得矮一点儿</u>。

| 头发理得短一点儿 |
| 字写得大一点儿 |

4. <u>袖子</u>　能不能　<u>短一点儿</u>？

| 菜 | 辣 |
| 苹果 | 便宜 |

5. 饭菜味道 怎么样？

☐ 汉语水平
　中药效果

6. 中国人 　特别喜欢 　圆的东西。

☐ 她　红色的衣服
　我　酸的水果

7. 祝您　健康长寿！

☐ 生日快乐
　生活愉快

五、情境实践 / Situation practice / 상황 연습

1. 你觉得这件旗袍怎么样？　　　　　　　　　　　（漂亮）
2. 我想把衣服的领子做得矮一点儿。　　　　　　　（还是）
3. 您做的时候要仔细一些。　　　　　　　　　　　（满意）
4. 饭菜味道怎么样？　　　　　　　　　　　　　　（可口）
5. 中国人的习惯跟你们的一样吗？　　　　　　　　（很）

六、交际任务 / Intercommunication practice / 역할 연습

谈一谈回国前你打算给朋友们买什么礼物。

七、补充词语 / Over the vocabulary / 보충 단어

祝你幸福！　　祝你健康！　　祝你万事如意！　　祝你一路平安！
祝你一路顺风！　祝你节日愉快！　祝你心想事成！　祝你美梦成真！
祝你成功！

第四课 对不起，让大家久等了
Dì-sì kè Duìbuqǐ, ràng dàjiā jiǔ děng le

Lesson Four Sorry for keeping everybody waiting

제 4 과 여러분을 오래 기다리게 해서 죄송합니다

生词 NEW WORDS 새로 나온 단어

1.	终于	zhōngyú	(副)	at last; finally	마침내. 결국
2.	担心	dān xīn		to worry; to be anxious	걱정하다
3.	迷路	mí lù		to lost	길을 잃다
4.	不是…而是…	búshì…érshì…	(连)	not...but...	~~이 아니라 ~~이다
5.	着迷	zháo mí		to be fascinated; to be captivated	~~에 몰두하다. 사로잡히다
6.	遇见	yùjiàn	(动)	to meet; to come across with	만나다. 조우하다
7.	神仙	shénxiān	(名)	immortal	신선
8.	哈哈	hāha	(拟声)	haw-haw; laughter	감탄사
9.	农村	nóngcūn	(名)	rural area; countryside; village	농촌
10.	吃惊	chī jīng		to startled	깜짝 놀라다
11.	居然	jūrán	(副)	unexpectedly	뜻밖에
12.	讲	jiǎng	(动)	to say; to speak	이야기하다
13.	经历	jīnglì	(名)	experience	경험. 경력

第四课　对不起，让大家久等了

14.	简直	jiǎnzhí	（副）	simply; at all	그야말로. 실로
15.	被	bèi	（介）	by(a word for passive voice)	피동을 나타내는 개사 ~당하다. ~에게 ~당하다
16.	迷住	mízhù	（动）	to fascinate	홀리다. 미혹되다
17.	好	hǎo	（副）	well	아주. 정말로. 퍽. 꽤
18.	神奇	shénqí	（形）	magical; mystical	신기하다
19.	坚持	jiānchí	（动）	to insist; to stick to	고수하다. 견지하다
20.	山顶	shāndǐng	（名）	peak; hilltop	산꼭대기
21.	缆车	lǎnchē	（名）	cable car	케이블카
22.	受不了	shòubuliǎo		can not stand	참을 수 없다
23.	后悔	hòuhuǐ	（形）	to regret	후회하다
24.	笑话	xiàohua	（名）	joke; laugh at	우스갯소리
25.	日出	rìchū	（名）	sunrise	일출
26.	减肥	jiǎn féi		to be on a diet	다이어트
27.	开玩笑	kāi wánxiào		to make fun of	농담하다
28.	（相）信	(xiāng) xìn	（动）	to believe	믿다. 신임하다
29.	哎	āi	（叹）	ouch	아이쿠
30.	站	zhàn	（动）	to stand up; to station	서다
31.	扭伤	niǔshāng	（动）	to sprain	삐다
32.	扶	fú	（动）	to support sb. with hand	부축하다
33.	骗	piàn	（动）	to deceive; to make fun of	속이다

专名	专名	Proper Noun	고유명사
俄语	Éyǔ	Russian	러시아어

一、对不起，让大家久等了
Part One Sorry for keeping everybody waiting
회화 1. 여러분을 오래 기다리게 해서 죄송합니다

(留学生们一起在郊外旅游，他们打算去另一个景点，可是罗伯特还没回来。等了20多分钟，罗伯特才回来)
(Foreign students were travelling in the countryside together. They planned to go to another sight spot, but Robert hadn't come back yet. After more than 20 minutes, Robert came back in a hurry)
(유학생들이 교외로 여행을 갔는데 그들은 다른 한 곳도 더 가볼 셈이었으나 로버트가 아직 돌아오지 않았다. 20 여분이나 지나서 로버트는 황급히 뛰어 돌아왔다)

罗伯特：对不起，让大家久等了。

海　伦：你终于回来了，我们正担心你呢，你迷路了？

罗伯特：不是迷路，而是着迷了，我遇见了一位很特别的老人，所以就忘了时间。

海　伦：什么样的老人？是神仙吗？

罗伯特：哈哈，他是一位很普通的农村老爷爷，不过让我吃惊的是他居然会说俄语！

海　伦：你们用俄语聊天儿？

罗伯特：对。他给我讲了很多他过去的经历，我简直被他迷住了。

海　伦：难怪你这么半天都不回来呢，老人的经历跟俄罗斯有关系吗？

罗伯特：他在俄罗斯住过好多年呢。

海　伦：他的故事一定很神奇吧？

罗伯特：回去以后我再给你讲。

第四课　对不起，让大家久等了

Luóbótè： Duìbuqǐ, ràng dàjiā jiǔ děng le.

Hǎilún： Nǐ zhōngyú huílai le, wǒmen zhèng dānxīn nǐ ne, nǐ mílù le?

Luóbótè： Búshì mílù, érshì zháomí le, wǒ yùjiànle yí wèi hěn tèbié de lǎorén, suǒyǐ jiù wàngle shíjiān.

Hǎilún： Shénmeyàng de lǎorén? Shì shénxiān ma?

Luóbótè： Hāha, tā shì yí wèi hěn pǔtōng de nóngcūn lǎoyéye, búguò ràng wǒ chījīng de shì tā jūrán huì shuō Éyǔ!

Hǎilún： Nǐmen yòng Éyǔ liáotiānr?

Luóbótè： Duì. Tā gěi wǒ jiǎngle hěn duō tā guòqù de jīnglì, wǒ jiǎnzhí bèi tā mízhù le.

Hǎilún： Nánguài nǐ zhème bàntiān dōu bù huílai ne, lǎorén de jīnglì gēn Éluósī yǒu guānxì ma?

Luóbótè： Tā zài Éluósī zhùguo hǎoduō nián ne.

Hǎilún： Tā de gùshi yídìng hěn shénqí ba?

Luóbótè： Huíqu yǐhòu wǒ zài gěi nǐ jiǎng.

（罗伯特说）

今天有点儿对不起大家，让同学们等了我很长时间。我不是迷路了，而是遇见了一位很特别的老爷爷。他只是一位很普通的农村老人，但是他居然会说俄语，我非常吃惊。他在俄罗斯住过好多年。他给我讲了很多他过去的经历，我简直被他迷住了。

（Luóbótè shuō）

　　Jīntiān yǒu diǎnr duìbuqǐ dàjiā, ràng tóngxuémen děngle wǒ hěn cháng shíjiān. Wǒ búshì mílù le, érshì yùjiànle yí wèi hěn tèbié de lǎoyéye. Tā zhǐshì yí wèi hěn pǔtōng de nóngcūn lǎorén, dànshì tā jūrán huì shuō Éyǔ, wǒ fēicháng chījīng. Tā zài Éluósī zhùguo hǎoduō nián. Tā gěi wǒ jiǎngle hěn duō tā guòqù de jīnglì, wǒ jiǎnzhí bèi tā mízhù le.

二、我实在爬不上去了
Èr. Wǒ shízài pá bu shàngqù le

Part Two I can not climb up really

회화 2. 저는 정말로 못 올라가겠어요

(朴大佑和李知恩爬泰山)
(Park Dea-wu and Lee Ji-en were climbing Mount. Tai)
(박대우와 이지은이 태산을 오르다)

李知恩：我累死了，实在爬不上去了，你先走吧。
朴大佑：那怎么行？你再坚持一下儿，你看，都看得见山顶了。
李知恩：看着挺近的，可是真的走起来就不是那么回事了。
朴大佑：我们来之前是你要求不坐缆车的，现在受不了了？
李知恩：谁想到这么累啊？早知道的话坐缆车就好了。
朴大佑：现在后悔也晚了，这样吧，我给你讲个笑话。
李知恩：一笑就更走不动了，你还是让我休息一会儿吧。我们走着上去，再坐缆车下来。
朴大佑：明天早上不是还要看日出吗？休息一个晚上就没事儿了。再说，你不是整天说要减肥吗？这个机会多好啊！
李知恩：你别开玩笑了，好吧，我们来个比赛，我就不信我爬不上去。
朴大佑：哎，坏了，我怎么站不起来了？
李知恩：你没事吧？是不是脚扭伤了？我来扶你，你再试试，现在能站起来吗？

第四课　对不起，让大家久等了

朴大佑：哈哈，骗你呢！
李知恩：你呀，都什么时候了，还喜欢开玩笑。
朴大佑：所以朋友们都说，跟我在一起爬多高的山也不累。

Lǐ Zhī'ēn： Wǒ lèisǐ le, shízài pá bu shàngqù le, nǐ xiān zǒu ba.
Piáo Dàyòu： Nà zěnme xíng? Nǐ zài jiānchí yíxiàr, nǐ kàn, dōu kàndejiàn shāndǐng le.
Lǐ Zhī'ēn： Kànzhe tǐng jìn de, kěshì zhēnde zǒu qilai jiù bú shì nàme huíshì le.
Piáo Dàyòu： Wǒmen lái zhīqián shì nǐ yāoqiú bú zuò lǎnchē de, xiànzài shòubuliǎo le?
Lǐ Zhī'ēn： Shéi xiǎngdào zhème lèi a? Zǎo zhīdao dehuà zuò lǎnchē jiù hǎo le.
Piáo Dàyòu： Xiànzài hòuhuǐ yě wǎn le, zhèyàng ba, wǒ gěi nǐ jiǎng ge xiàohua.
Lǐ Zhī'ēn： Yí xiào jiù gèng zǒubudòng le, nǐ háishi ràng wǒ xiūxi yíhuìr ba. Wǒmen zǒuzhe shàngqu, zài zuò lǎnchē xiàlai.
Piáo Dàyòu： Míngtiān zǎoshang búshì hái yào kàn rìchū ma? Xiūxi yí ge wǎnshang jiù méishìr le. Zàishuō, nǐ búshì zhěngtiān shuō yào jiǎnféi ma? Zhè ge jīhuì duō hǎo a!
Lǐ Zhī'ēn： Nǐ bié kāi wánxiào le, hǎo ba, wǒmen lái ge bǐsài, wǒ jiù bú xìn wǒ pá bu shàngqù.
Piáo Dàyòu： Āi, huài le, wǒ zěnme zhàn bu qǐlái le?
Lǐ Zhī'ēn： Nǐ méishì ba? Shìbushì jiǎo niǔshāng le? Wǒ lái fú nǐ, nǐ zài shìshi, xiànzài néng zhàn qilai ma?
Piáo Dàyòu： Hāha, piàn nǐ ne!
Lǐ Zhī'ēn： Nǐ ya, dōu shénme shíhou le, hái xǐhuan kāi wánxiào.
Piáo Dàyòu： Suǒyǐ péngyoumen dōu shuō, gēn wǒ zài yìqǐ pá duō gāo de shān yě bú lèi.

（知恩说）

我和大佑一起去爬山，我实在爬不上去了，就让大佑先走。山顶看着挺近的，可是真的走起来就不是那么回事了。没想到这么累，早知道的话坐缆车就好了，我打算坐缆车下去，可是大佑说，明天早上要看日出，而且这也是减肥的好机会。好吧，我要跟大佑比赛，我就不信我爬不上去。

(Zhī'ēn shuō)

Wǒ hé Dàyòu yìqǐ qù páshān, wǒ shízài pá bu shàngqù le, jiù ràng Dàyòu xiān zǒu. Shāndǐng kànzhe tǐng jìn de, kěshì zhēnde zǒu qilai jiù búshì nàme huíshì le. Méi xiǎngdào zhème lèi, zǎo zhīdao dehuà zuò lǎnchē jiù hǎo le, wǒ dǎsuan zuò lǎnchē xiàqu, kěshì Dàyòu shuō, míngtiān zǎoshang yào kàn rìchū, érqiě zhè yě shì jiǎnféi de hǎo jīhuì. Hǎo ba, wǒ yào gēn Dàyòu bǐsài, wǒ jiù bú xìn wǒ pá bu shàngqù.

注释　Notes　주석

一、不是迷路，而是着迷了

"不是……而是……"，在两种情况中肯定后者。例如：
"not ... but ..." affirms the latter in two kinds of circumstances. e.g.
不是……而是……는 <…이 아니라…이다>의 형식으로 두 가지 정황 중에서 후자를 긍정하는 것이다. 예를 들면：
(1) 你不是不聪明，而是不努力。
(2) 我不是不告诉你，而是真的不知道。
(3) 他不是我的男朋友，而是我的哥哥。

二、我简直被他迷住了

"简直"是用夸张的语气表示完全像这样。例如：
It is an exaggerating tone to express that it is like this totally. e.g.
简直는 과장된 어기로 정말 이와 같다는 것을 표시한다. 예를 들면：
(1) 天气简直太热了。
(2) 她对我太好了，简直像我的妈妈一样。

(3) 昨天晚上没睡觉，现在我简直难受死了。
(4) 这些花儿简直美极了。

三、再说，你不是整天说要减肥吗？这个机会多好啊

"再说"表示推进一层。例如：
"再说"means furthermore, in addition. e.g.
재说는 덧붙여 말하고자 할때 사용한다. 예를 들면：
(1) 请他去他也不一定去，再说，他也不一定有时间。
(2) 骑自行车太累，再说也不安全。

表达　Expressions　표현다루기

一、那怎么行

"那怎么行"的意思是不行，表示否定、不同意或者批评。也说"那怎么能行"。例如：
"那怎么行"means it is not all right, which indicates denial, disagreement or criticism. Sometime we also say"那怎么能行". e.g.
那怎么行 은 不行（안돼）의 의미로 부정을 표시하며 동의하지 않거나 비평을 나타내며 那怎么能行 으로도 표현한다. 예를 들면
(1) 你不吃早饭，那怎么行？
(2) 你总是那么晚睡觉，那怎么行？
(3) 总是迟到，那怎么行？

二、看着挺近的，可是真的走起来就不是那么回事了

"不是那么回事"表示否定前面的说法。例如：
"不是那么回事"is to deny the foregoing viewpoints. e.g.
不是那么回事는 앞부분까지의 설명한 바를 부정하는 것이다. 예를 들면
(1) 听说这部电影很精彩，看了才知道不是那么回事。
(2) 大家都以为蓝队水平高，其实不是那么回事。
(3) 他说自己有女朋友了，可是我看不是那么回事。

三、谁想到这么累啊

"谁想到"的意思是"没想到"。例如：
"谁想到"means "it have never been expected". e.g.
谁想到(누가 생각이나 했겠어)의 뜻은 没想到 (생각지 못했다)의 의미이다. 예를 들면:
(1) 谁想到商店这么早就关门了。
(2) 昨天还很暖和呢，谁想到今天突然变得这么冷。
(3) 我以为她下个星期才来，谁想到今天就来了。

四、你别开玩笑了

"开玩笑"是用言语或行动戏弄人，拿人开心。例如：
"开玩笑"means to make fun of somebody, or to play tricks on someboby by words or action. e.g.
开玩笑는 말이나 행동으로 사람을 놀리며 즐거워 하는 것이다. 예를 들면:
(1) 他只是开玩笑，你别生气。
(2) 小张喜欢开玩笑，大家都喜欢他。

五、你呀，都什么时候了，还喜欢开玩笑

"都什么时候了"，有批评和抱怨的意思。例如：
"都什么时候了"indicates the mood of criticizing and complaining. e.g.
都什么时候了에는 비평과 원망의 어기가 있다. 예를 들면:
(1) 都什么时候了，你还不走？
(2) 都什么时候了，你还不做作业？
(3) 都什么时候了，怎么才吃早饭？

练习　Exercises　연습문제

一　朗读句子 / Please read aloud / 정확한 발음과 성조로 아래의 예문을 읽으시오

1. 对不起，让大家久等了。
2. 你终于回来了，我们正担心你呢，你迷路了？

3. 他居然会说俄语！
4. 我简直被他迷住了。
5. 我累死了，实在爬不上去了，你先走吧。
6. 你再坚持一下儿。
7. 现在受不了了？
8. 谁想到这么累啊？早知道的话坐缆车就好了。
9. 现在后悔也晚了。
10. 休息一个晚上就没事儿了。
11. 你别开玩笑了。
12. 哎，坏了，我怎么站不起来了？
13. 你没事吧？
14. 你呀，都什么时候了，还喜欢开玩笑。
15. 所以朋友们都说，跟我在一起爬多高的山也不累。

二 回答问题 / Please answer the questions / 다음 문제에 답하시오

1. 罗伯特为什么迟到了？
2. 罗伯特遇见了谁？
3. 为什么罗伯特被迷住了？
4. 李知恩和朴大佑是怎么爬泰山的？
5. 他们明天早上打算做什么？
6. 朴大佑受伤了吗？

三 扩展 / Accumulating / 확장연습

着迷　很着迷　对……着迷　对……非常着迷
吃惊　很吃惊　吃了一惊　感到吃惊
讲　讲课　讲话　讲故事　讲道理　讲清楚
经历　生活经历　留学经历　工作经历　打工经历
好　好多　好几次　好半天　好一会儿
坚持　坚持学习　坚持工作　坚持锻炼

四 替换 / Substitution and extension / 변환 연습

1. 你 终于 回来 了。

> 做好
> 看完

2. 不是 迷路，而是 着迷 了。

> 学汉语　学韩语
> 聪明　　努力

3. 他 居然 会 说俄语！

> 讲故事
> 觉得后悔
> 开玩笑

4. 我 简直 被他迷住 了。

> 被她急死
> 受不了
> 累坏

5. 我累死了，实在 爬不上去 了。

> 走不动
> 站不起来

6. 看着挺近的，可是真的走起来 就不是那么回事了。

> 说起来挺容易的，可是真的做起来
> 别看他们说得好听，可是真要试试

7. 早知道的话 坐缆车 就好了。

> 打的
> 和你一起去

8. 一 笑 就 更 走不动 了。

着急   找不到
忙   想不起来
哭   说不出来

9. 休息一个晚上 就 没事儿 了。

跟朋友说一说
出去走一走

五 情境实践 / Situation practice / 상황 연습

1. 你见过她吗？　　　　　　　　　　　　　　　（不是……而是……）
2. 那位老人会说俄语吗？　　　　　　　　　　　（简直）
3. 他很聪明吧？　　　　　　　　　　　　　　　（一……就……）
4. 要带雨伞吗？　　　　　　　　　　　　　　　（还是）
5. 你为什么选择去北京？　　　　　　　　　　　（再说）

六 交际任务 / Intercommunication practice / 역할 연습

1. 你和朋友约会，但是你迟到了，你向朋友道歉。
2. 记录一段同学之间开玩笑的对话。

七 补充词语 / Over the vocabulary / 보충단어

山下　山脚　　山腰　半山腰　山坡　山上　山顶　顶峰
日出　天亮了　日落　天黑了
自然景观：泰山　黄山　九寨沟　张家界　长江三峡　黄果树瀑布
　　　　　桂林山水　天山天池　长白山
人文景观：长城　莫高窟　乐山大佛　少林寺　武当山　峨眉山　苏州园林
　　　　　平遥古城　丽江古城

第五课 吃饭 我 当然 有空儿
Dì-wǔ kè Chīfàn wǒ dāngrán yǒu kòngr

Lesson Five Of course I am free to have a meal

제 5 과 밥먹을 시간은 당연히 있습니다

生词 NEW WORDS 새로 나온 단어

1. 演唱会 yǎnchànghuì (名) vocal recital — 가요대회
2. 欠 qiàn (动) to owe — 빚지다
3. 顿 dùn (量) *a measure word for meal* — 식사. 끼니의 양사
4. 记得 jìde (动) to remember — 기억하고 있다
5. 辣 là (形) hot; spicy — 맵다
6. 接近 jiējìn (动) to approach; to be close — …에 가깝다
7. 各 gè (代) each; every — 갖가지. 여러
8. 研究 yánjiū (动) to research — 연구하다
9. 不敢当 bù gǎndāng used in response to a compliment or a generous treatment — 천만의 말씀입니다
10. 当地 dāngdì (名) local — 현지. 그 지방
11. 特色 tèsè (名) characteristic; distinguishing feature — 특색
12. 地道 dìdao (形) pure; genuine — 진짜의. 본 고장의
13. 既然 jìrán (连) since — 이왕. 이렇게 된바에야
14. 对面 duìmiàn (名) oppsite — 맞은 편

15.	确实	quèshí	（副）	really; indeed	확실히
16.	厨师	chúshī	（名）	chef; cook	요리사
17.	专门	zhuānmén	（副）	specially; particularly	전문적으로
18.	聚会	jùhuì	（动）	to party; to get-together	모이다
19.	服务	fúwù	（名）	service	봉사하다
20.	态度	tàidu	（名）	attitude	태도
21.	价格	jiàgé	（名）	price	가격
22.	广告	guǎnggào	（名）	advertisement	광고
23.	结账	jié zhàng		to check out; to pay the bill	장부를 결산하다
24.	说不定	shuōbudìng		maybe; perhaps	일지도 모른다

专名	拼音	Proper Noun	고유명사
川菜	Chuāncài	Sichuan cuisine / dishes	사천요리

Yī. Chīfàn wǒ dāngrán yǒu kòngr
一、吃饭 我 当然 有空儿
Part One Of course I am free to have a meal
회화 1. 밥먹을 시간은 당연히 있습니다

李知恩： 上次你请我看演唱会，我还欠你一顿饭，怎么样，今天你有空儿吗？
张 明： 你还记得啊！吃饭我当然有空儿。
李知恩： 你喜欢吃什么菜？
张 明： 我喜欢吃川菜。
李知恩： 川菜辣，和我们韩国菜比较接近。中国很大，各个地方菜的风味都不一样。
张 明： 你对中国菜很有研究啊！
李知恩： 不敢当，我只是比较喜欢旅游，到一个地方就吃当地的特色菜。
张 明： 我们还是去上次去的饭馆儿吧，那儿的川菜做得挺地道的。
李知恩： 既然你这么说，我们就去那儿吧。

(张明和李知恩聊天儿)
(Zhang Ming chats with Lee Ji-en)
(장명과 이지은이 한담함)

Lǐ Zhī'ēn : Shàngcì nǐ qǐng wǒ kàn yǎnchànghuì, wǒ hái qiàn nǐ yí dùn fàn, zěnmeyàng, jīntiān nǐ yǒu kòngr ma?

Zhāng Míng : Nǐ hái jìde a! Chīfàn wǒ dāngrán yǒu kòngr.

Lǐ Zhī'ēn : Nǐ xǐhuan chī shénme cài?

Zhāng Míng : Wǒ xǐhuan chī Chuāncài.

Lǐ Zhī'ēn : Chuāncài là, hé wǒmen Hánguócài bǐjiào jiējìn. Zhōngguó hěn dà, gègè dìfang cài de fēngwèi dōu bù yíyàng.

Zhāng Míng : Nǐ duì Zhōngguócài hěn yǒu yánjiū a!

Lǐ Zhī'ēn : Bùgǎndāng, wǒ zhǐshì bǐjiào xǐhuan lǚyóu, dào yí ge dìfang jiù chī dāngdì de tèsècài.

Zhāng Míng : Wǒmen háishi qù shàngcì qù de fànguǎnr ba, nàr de Chuāncài zuò de tǐng dìdao de.

Lǐ Zhī'ēn : Jìrán nǐ zhème shuō, wǒmen jiù qù nàr ba.

(李知恩说)
　　上次张明请我看演唱会，我还欠他一顿饭。张明说他喜欢吃川菜。川菜辣，和我们韩国菜比较接近，我也很喜欢。中国很大，各个地方菜的风味都不一样。我比较喜欢旅游，到一个地方就吃当地的特色菜。

第五课　吃饭我当然有空儿

（Lǐ Zhī'ēn shuō）

Shàngcì Zhāng Míng qǐng wǒ kàn yǎnchànghuì, wǒ hái qiàn tā yí dùn fàn. Zhāng Míng shuō tā xǐhuan chī Chuāncài. Chuāncài là, hé wǒmen Hánguócài bǐjiào jiējìn, wǒ yě hěn xǐhuan. Zhōngguó hěn dà, gè gè dìfang cài de fēngwèi dōu bù yíyàng. Wǒ bǐjiào xǐhuan lǚyóu, dào yí ge dìfang jiù chī dāngdì de tèsècài.

Èr. Zhè ge fàndiàn de cài bǐ duìmiàn de nà jiā hǎoduō le

二、这个饭店的菜比对面的那家好多了

Part Two The dishes of this restaurant are much better than those of the opposite restaurant

회화 1. 밥먹을 시간은 당연히 있습니다

（在饭店）
(In a restaurant)
（식당에서）

张　明：怎么样，味道不错吧?
李知恩：确实好吃，我觉得这家饭店的菜比对面的那家好多了。
张　明：那还用说?听说厨师是专门从四川请来的，我们同学聚会经常来这儿。

李知恩： 这儿不但服务态度好，而且环境也不错。
张　明： 说得没错儿，最主要的是价格不贵。
李知恩： 我觉得我们好像在给这个饭店做广告。
张　明： 哈哈，你也学会开玩笑了。那结账的时候，是不是应该让老板给我们打个折？
李知恩： 试一试，说不定真可以打折呢。

Zhāng Míng： Zěnmeyàng, wèidao búcuò ba?
Lǐ Zhī'ēn： Quèshí hǎochī, wǒ juéde zhè jiā fàndiàn de cài bǐ duìmiàn de nà jiā hǎoduō le.
Zhāng Míng： Nà hái yòng shuō? Tīngshuō chúshī shì zhuānmén cóng Sìchuān qǐnglái de, wǒmen tóngxué jùhuì jīngcháng lái zhèr.
Lǐ Zhī'ēn： Zhèr búdàn fúwù tàidu hǎo, érqiě huánjìng yě búcuò.
Zhāng Míng： Shuō de méicuòr, zuì zhǔyào de shì jiàgé bú guì.
Lǐ Zhī'ēn： Wǒ juéde wǒmen hǎoxiàng zài gěi zhè ge fàndiàn zuò guǎnggào.
Zhāng Míng： Hāha, nǐ yě xuéhuì kāi wánxiào le. Nà jiézhàng de shíhou, shìbushì yīnggāi ràng lǎobǎn gěi wǒmen dǎ ge zhé?
Lǐ Zhī'ēn： Shìyishì, shuōbudìng zhēn kěyǐ dǎzhé ne.

（张明说）
　　李知恩请我去一家川菜馆儿吃饭，我们同学聚会经常去那儿。听说厨师是专门从四川请来的，菜的味道确实不错。那儿不但服务态度好，而且环境也不错，最主要的是价格不贵。

（Zhāng Míng shuō）
　　Lǐ Zhī'ēn qǐng wǒ qù yì jiā Chuāncàiguǎnr chīfàn, wǒmen tóngxué jùhuì jīngcháng qù nàr. Tīngshuō chúshī shì zhuānmén cóng Sìchuān qǐnglái de, cài de wèidao quèshí búcuò. Nàr búdàn fúwù tàidu hǎo, érqiě huánjìng yě búcuò, zuì zhǔyào de shì jiàgé bú guì.

注释　Notes　주석

那儿的川菜做得挺地道的

"地道"，形容词，真正的，纯粹的。做定语时也可以用重叠形式。例如：
"地道", adjective, genuine; pure. "地道"can be overlapped when used as an attribute. e.g.

地道는 형용사로서 〈진정한〉〈순수한〉을 의미하며 한정어로 쓰일 때는 중첩형식을 쓸 수 있다. 예를 들면:

(1) 他的普通话说得很地道。
(2) 爸爸是一个地地道道的广东人。

 表达　Expressions　표현다루기

一、不敢当，我只是比较喜欢旅游

得到别人称赞时，用"不敢当"表示谦虚，是一种客气的说法。例如：
"不敢当", as a courteous statement, it's an expression to show modesty when one gets praises from others. e.g.

不敢当 은 다른 사람이 자기를 칭찬할 때 不敢当〈천만에요. 별말씀을 다 하십니다.〉을 사용하여 겸허를 표시하는 일종의 겸손의 표시이다. 예를 들면:

(1) A：你的书法比书法家还好。
　　B：您这么说我实在不敢当。
(2) A：你的普通话说得真地道。
　　B：哪里，不敢当。

二、那还用说？听说厨师是专门从四川请来的

"那还用说"，用反问的语气肯定前面说话人说的话或观点。是"不用说，当然"的意思。例如：
"那还用说", it is used to affirm what the former speaker has said by rhetorical mood, meaning "of course, sure". e.g.

那还用说? 는 반문의 어기를 사용하여 앞에서 말한 이의 말이나 관점을 긍정하는 것이다. 즉 〈말 할것도 없다〉〈당연하다〉의 뜻이다. 예를 들면:

(1) A：这本小说写得还真不错。
    B：那还用说？他可是世界一流的作家。
(2) A：他球踢得真好。
    B：那还用说？以前他可是国家队的主力。

三、说不定真可以打折呢

"说不定"，表示有可能。例如：
"说不定"means maybe, perhaps. e.g.
설불정은 가능성이 있음을 표시한다. 예를 들면:
(1) 你也是山东大学的？说不定我们以前还见过面呢。
(2) 他说不定不来了呢。
(3) 去还是不去还说不定呢。

 **练习   Exercises   연습문제**

一、朗读句子 / Please read aloud / 정확한 발음과 성조로 아래의 예문을 읽으시오

1. 上次你请我看演唱会，我还欠你一顿饭，怎么样，今天你有空儿吗？
2. 你还记得啊！吃饭我当然有空儿。
3. 我们还是去上次去的饭馆儿吧，那儿的川菜做得挺地道的。
4. 既然你这么说，我们就去那儿吧。
5. 怎么样，味道不错吧？
6. 听说厨师是专门从四川请来的，我们同学聚会经常来这儿。

二、回答问题 / Please answer the questions / 다음 문제에 답하시오

1. 李知恩为什么请张明吃饭？
2. 张明为什么说李知恩对中国菜很有研究？
3. 李知恩为什么知道很多中国菜？
4. 张明建议去哪儿吃饭？
5. 李知恩和张明吃饭的饭馆儿怎么样？
6. 谁经常去那家饭馆儿聚会？

三 扩展 / Accumulating / 확장연습

比较接近	很接近	非常接近	和韩国菜比较接近
答应	答应请他	答应请他吃顿饭	不答应
饭馆儿	去饭馆儿	去上次去过的那家饭馆儿	去饭馆儿吃饭
地道	做的川菜很地道	汉语说得很地道	地道的北京话
接受	接受得了	接受不了	
说走就走	说唱就唱	说来就来	说干就干

四 替换 / Substitution and extension / 변환 연습

1. 我比较喜欢<u>旅游</u>。

> 运动
> 看书

2. <u>那儿的菜</u> <u>做</u>得挺地道的。

> 她的中国话　说
> 他的英文歌　唱

3. 既然<u>你这么说</u>，<u>我们就去那儿吧</u>。

> 你还是不太明白　我就再讲一遍吧
> 你那么想去旅行　就去吧

4. <u>这儿</u> 不但<u>服务态度好</u>，而且<u>环境也不错</u>。

> 这件毛衣　价格便宜　样子也很漂亮
> 他　　　　聪明　　　十分努力

五 情境实践 / Situation practice / 상황 연습

1. 我觉得这儿不但服务态度好，而且环境也很好。　　　（说得没错）
2. 你对中国那么了解，都快成中国通了。　　　　　　　（不敢当）
3. 他唱歌唱得真不错。　　　　　　　　　　　　　　　（那还用说）
4. 我想请他来参加我的生日晚会，可是不知道他会不会来。（说不定）

六、交际任务 / Intercommunication practice / 역할 연습

和你的朋友谈谈喜欢吃的饭菜。

七、补充词语 / Over the vocabulary / 보충단어

八大菜系　鲁菜　川菜　苏菜　浙菜　粤菜　湘菜　闽菜　徽菜
特色小吃　烹饪方法　蒸　炒　煎　炸　煮　涮
火锅　　　鸳鸯火锅　麻辣火锅　烤肉　水煮鱼　辣子鸡　京酱肉丝
回锅肉　糖醋里脊　北京烤鸭　南京桂花鸭　德州扒鸡
主食　　　凉菜　热菜　汤　海鲜　肉菜　青菜

第六课　去口腔科也是一样的顺序
Dì-liù kè　Qù kǒuqiāngkē yě shì yíyàng de shùnxù

Lesson Six　It is the same procedure of seeing a stomatology

제 6 과　치과에 가는 것도 같은 순서입니다

生词　NEW WORDS　새로 나온 단어

1.	口腔科	kǒuqiāngkē	(名)	department of stomatology	치과
2.	顺序	shùnxù	(名)	process	순서
3.	牙疼	yáténg	(动)	to toothache	치통
4.	挂号	guà hào		to register	신청하다. 등록하다
5.	内科	nèikē	(名)	internal medicine/physician	내과
6.	外科	wàikē	(名)	surgery	외과
7.	药方	yàofāng	(名)	prescription	약방문. 처방전
8.	熟悉	shúxī	(形)	familiar	잘알다. 익숙하다
9.	正好	zhènghǎo	(副)	happen to	때마침
10.	专家	zhuānjiā	(名)	specialist	전문가
11.	拔	bá	(动)	to pull	뽑다
12.	不必	búbì	(副)	unnecessary	…할 필요 없다
13.	医学	yīxué	(名)	medicine	의학
14.	发达	fādá	(形)	developed	발달하다

15.	发生	fāshēng	（动）	to happen	발생하다
16.	颗	kē	（量）	*a measure word for particles*	양사(둥글고 작은 알맹이 양)
17.	掉	diào	（动）	to fall	빠지다. 떨어지다
18.	害怕	hàipà	（动）	to be afraid	무섭다. 두렵다
19.	消炎药	xiāoyányào	（名）	anti-inflammatory drug	소염제
20.	赚	zhuàn	（动）	to earn	돈을 벌다
21.	商人	shāngrén	（名）	businessman	상인
22.	收入	shōurù	（名）	earning; income	수입
23.	整容	zhěng róng		to face-lifting	성형하다
24.	光	guāng	（副）	only	다만. 오직…만
25.	女士	nǚshì	（名）	woman;lady	여성. 숙녀
26.	男士	nánshì	（名）	man; gentleman	남자. 신사
27.	手术	shǒushù	（名）	operation	수술
28.	新闻	xīnwén	（名）	news	뉴스
29.	认	rèn	（动）	to recognize	알다. 식별하다
30.	流行	liúxíng	（形）	be popular	유행하다
31.	开心	kāixīn	（形）	happy	유쾌하다
32.	着	zháo	（助）	*generally put behind a verb to denote gain one's ends*	동사 뒤에 놓여 목적의 달성을 표시함
33.	从事	cóngshì	（动）	to be engaged in	종사하다
34.	即使	jíshǐ	（连）	although	설령…라 하더라도

第六课　去口腔科也是一样的顺序

一、去口腔科也是一样的顺序
Yī. Qù kǒuqiāngkē yě shì yíyàng de shùnxù

Part One It is the same procedure of seeing a stomatology

회화 1. 치과에 가는 것도 같은 순서입니다

(李知恩和张明聊天儿)
(Lee Ji-en and Zhang Ming are chatting)
(이지은과 장명이 한담하다)

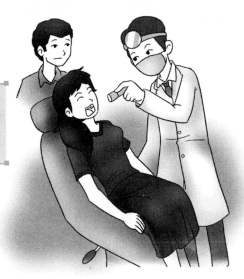

李知恩：我最近牙疼得很厉害，去医院挂号要挂内科还是挂外科?
张　明：要挂口腔科，中国也有专门的口腔医院。
李知恩：我知道在中国看病要先挂号，再去找大夫看病，然后拿着大夫开的药方去取药。
张　明：去口腔科也是一样的顺序。你对这儿的医院还不太熟悉，不如这样，正好我今天没事，我陪你去口腔医院吧。
李知恩：你真够朋友。

(在口腔医院)

李知恩：说实话，每次看牙我都有点儿紧张。
张　明：这有什么好紧张的，再说这儿的大夫都是很有名的专家。
李知恩：听说有拔错牙的事儿?
张　明：这你就不必担心了，现在医学这么发达，哪儿还会发生这样的事?
大　夫：你的牙怎么了?
李知恩：我右边最里边的这颗牙疼。大夫，不用拔掉吧? 我最害怕拔牙了。
大　夫：我检查一下儿。问题不大，先上点儿消炎药吧。如果还疼，再来检查。

Lǐ Zhī'ēn : Wǒ zuìjìn yá téng de hěn lìhai, qù yīyuàn guàhào yào guà nèikē háishi guà wàikē?

Zhāng Míng : Yào guà kǒuqiāngkē, Zhōngguó yě yǒu zhuānmén de kǒuqiāng yīyuàn.

Lǐ Zhī'ēn : Wǒ zhīdao zài Zhōngguó kànbìng yào xiān guàhào, zài qù zhǎo dàifu kànbìng, ránhòu názhe dàifu kāi de yàofāng qù qǔyào.

Zhāng Míng : Qù kǒuqiāngkē yě shì yíyàng de shùnxù. Nǐ duì zhèr de yīyuàn hái bú tài shúxī, bùrú zhèyàng, zhènghǎo wǒ jīntiān méi shì, wǒ péi nǐ qù kǒuqiāng yīyuàn ba.

Lǐ Zhī'ēn : Nǐ zhēn gòu péngyou.

（zài kǒuqiāng yīyuàn）

Lǐ Zhī'ēn : Shuō shíhuà, měi cì kànyá wǒ dōu yǒudiǎnr jǐnzhāng.

Zhāng Míng : Zhè yǒu shénme hǎo jǐnzhāng de, zàishuō zhèr de dàifu dōu shì hěn yǒumíng de zhuānjiā.

Lǐ Zhī'ēn : Tīngshuō yǒu bácuò yá de shìr?

Zhāng Míng : Zhè nǐ jiù búbì dānxīn le, xiànzài yīxué zhème fādá, nǎr hái huì fāshēng zhèyàng de shì?

Dàifu : Nǐ de yá zěnme le?

Lǐ Zhī'ēn : Wǒ yòubian zuì lǐbian de zhè kē yá téng. Dàifu, búyòng bádiào ba? Wǒ zuì hàipà báyá le.

Dàifu : Wǒ jiǎnchá yíxiàr. Wèntí bú dà, xiān shàng diǎnr xiāoyányào ba. Rúguǒ hái téng, zài lái jiǎnchá.

（李知恩说）
最近我经常牙疼，因为我不熟悉这里的口腔医院，所以张明陪我一起去看牙。口腔医院和普通的医院看病的顺序一样，先挂号，再看病，然后取药。我很害怕拔牙，大夫给我检查了以后，给我上了一点儿消炎药，要是牙还疼的话，再去检查。

第六课 去口腔科也是一样的顺序

(Lǐ Zhī'ēn shuō)

Zuìjìn wǒ jīngcháng yáténg, yīnwèi wǒ bù shúxī zhèli de kǒuqiāng yīyuàn, suǒyǐ Zhāng Míng péi wǒ yìqǐ qù kànyá. Kǒuqiāng yīyuàn hé pǔtōng de yīyuàn kànbìng de shùnxù yíyàng, xiān guàhào, zài kànbìng, ránhòu qǔyào. Wǒ hěn hàipà báyá, dàifu gěi wǒ jiǎnchále yǐhòu, gěi wǒ shàngle yìdiǎnr xiāoyányào, yàoshi yá hái téng dehuà, zài qù jiǎnchá.

Èr. Nǐ juéde shénme zhíyè de rén zhuànqián zuì duō?

二、你觉得什么职业的人 赚钱 最多？

Part Two What career do you think can earn most?

회화 2. 당신은 어떤 직업이 돈을 가장 많이 번다고 생각하십니까?

(李知恩和张明聊天)
(Lee Ji-en and Zhang Ming are chatting)
(이지은과 장명이 한 담함)

李知恩： 你觉得什么职业的人赚钱最多?

张　明： 商人吧，有时候一下子能赚好几百万呢。

李知恩： 要我说呀，还是医生这个职业赚钱最多，比如口腔科医生，收入就不少。

张　明： 现在整容外科医生赚钱最多吧? 听说不光女士整容，男士整容的也越来越多了。

李知恩：现在做整容手术已经不是什么新闻了。有的老朋友一段时间不见，再见面竟然认不出来了。

张　明：这让我想起来最近流行的一个笑话。

李知恩：什么笑话？说说看。

张　明：说一位丈夫最近一直不开心，他妻子问他为什么不高兴，他说，他借给一个朋友一万块钱，可是朋友做了整容手术，怎么也找不着了。

李知恩：哈哈，有意思。虽然当医生赚钱多，可是医生从来就不是我的理想职业。我觉得从事自己喜欢的职业，即使赚钱不多，也会感到很幸福。

Lǐ Zhī'ēn：Nǐ juéde shénme zhíyè de rén zhuànqián zuì duō?

Zhāng Míng：Shāngrén ba, yǒu shíhou yíxiàzi néng zhuàn hǎo jǐ bǎiwàn ne.

Lǐ Zhī'ēn：Yào wǒ shuō ya, háishi yīshēng zhè ge zhíyè zhuànqián zuì duō, bǐrú kǒuqiāngkē yīshēng, shōurù jiù bù shǎo.

Zhāng Míng：Xiànzài zhěngróng wàikē yīshēng zhuànqián zuì duō ba? Tīngshuō bùguāng nǔshì zhěngróng, nánshì zhěngróng de yě yuèláiyuè duō le.

Lǐ Zhī'ēn：Xiànzài zuò zhěngróng shǒushù yǐjīng búshì shénme xīnwén le. Yǒude lǎo péngyou yí duàn shíjiān bú jiàn, zài jiànmiàn jìngrán rèn bu chūlái le.

Zhāng Míng：Zhè ràng wǒ xiǎng qilai zuìjìn liúxíng de yí ge xiàohua.

Lǐ Zhī'ēn：Shénme xiàohua? Shuōshuo kàn.

Zhāng Míng：Shuō yí wèi zhàngfu zuìjìn yìzhí bù kāixīn, tā qīzi wèn tā wèi shénme bù gāoxìng, tā shuō, tā jiègěi yí ge péngyou yíwàn kuài qián, kěshì péngyou zuòle zhěngróng shǒushù, zěnme yě zhǎobuzháo le.

Lǐ Zhī'ēn：Hāha, yǒu yìsi. Suīrán dāng yīshēng zhuànqián duō, kěshì yīshēng cónglái jiù búshì wǒ de lǐxiǎng zhíyè. Wǒ juéde cóngshì zìjǐ xǐhuan de zhíyè, jíshǐ zhuànqián bù duō, yě huì gǎndào hěn xìngfú.

第六课 去口腔科也是一样的顺序

(李知恩说)
　　张明觉得商人赚钱最多,可是我觉得应该是医生。现在做整容手术的人越来越多了,女的做,男的也做。张明还给我讲了一个笑话,说一个人找不到向他借了一万块钱的朋友了,因为朋友整了容。我以后想从事自己喜欢的职业,即使钱不多,自己也会感到很幸福。

(Lǐ Zhī'en shuō)
　　Zhāng Míng juéde shāngrén zhuàn qián zuì duō, kěshì wǒ juéde yīnggāi shì yīshēng. Xiànzài zuò zhěngróng shǒushù de rén yuèláiyuè duō le, nǚde zuò, nánde yě zuò. Zhāng Míng hái gěi wǒ jiǎngle yí ge xiàohua, shuō yí ge rén zhǎobudào xiàng tā jièle yíwàn kuài qián de péngyou le, yīnwèi péngyou zhěngle róng. Wǒ yǐhòu xiǎng cóngshì zìjǐ xǐhuan de zhíyè, jíshǐ qián bù duō, zìjǐ yě huì gǎndào hěn xìngfú.

表达　Expressions　표현다루기

一、你真够朋友

　　"够朋友",表示对他人能尽到做朋友的情分。例如:
"够朋友" means a friend in need. e.g.
够朋友는 다른 사람에게 친구로서의 도리를 다한다는 것을 표시한다. 예를 들면:
　　(1) 每次我遇到困难她都帮助我,真够朋友。
　　(2) 连这个忙都不帮?你也太不够朋友了。

二、说实话,每次看牙我都有点儿紧张

　　"说实话",一般用在本来不想说或不好说的话之前。例如:
"说实话" is used when the speaker says about an embarrassing situation or something difficult to explain. e.g.
说实话는 일반적으로 본래 말하고 싶지 않았거나 말하기 곤란한 얘기를 하기 전에 사용한다. 예를 들면:
　　(1) 说实话,这个工作一点儿意思也没有。
　　(2) 说实话,我不太喜欢老王。

三、这有什么好紧张的,再说这儿的大夫都是很有名的专家

"有什么好……的",意思是不值得或没有必要。例如:
"有什么好……的" means "it is unnecessary". e.g.
有什么好…的? 는 그럴만한 가치가 없다거나 그럴 필요가 없다는 뜻이다. 예를 들면:
(1) 孩子已经长大了,有什么好担心的?
(2) 这儿的东西有什么好买的?快别逛了。

四、要我说呀,还是医生这个职业赚钱最多

"要我说呀",提出自己的建议或看法。例如:
"要我说呀" is used to show one's own opinion. e.g.
要我说呀는 자기의 건의나 관점을 제기하는 것이다. 예를 들면:
(1) 要我说呀,学习汉语需要一个好的环境。
(2) 要我说呀,孩子不需要上那么多辅导班。

五、什么笑话?说说看

"AA看",表示尝试一下。例如:
"AA看" means "try doing something". e.g.
AA看은 시험 삼아 해본다는 것을 표시 한다:
(1) 这件衣服怎么样?试试看。
(2) 这个菜的味道不错,你尝尝看。

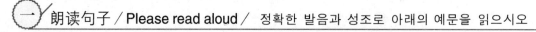

练习 Exercises 연습문제

一 朗读句子 / Please read aloud / 정확한 발음과 성조로 아래의 예문을 읽으시오

1. 我最近牙疼得很厉害,去医院挂号要挂内科还是挂外科?
2. 你对这儿的医院还不太熟悉。
3. 再说这儿的大夫都是很有名的专家。
4. 这你就不必担心了,现在医学这么发达,哪儿还会发生这样的事?
5. 你觉得什么职业的人赚钱最多?
6. 要我说呀,还是医生这个职业赚钱最多。
7. 这让我想起来最近流行的一个笑话。

第六课 去口腔科也是一样的顺序

二、回答问题 / Please answer the questions / 다음 문제에 답하시오

1. 李知恩怎么了？
2. 看牙是挂内科还是挂外科？
3. 口腔医院看病的顺序是怎样的？
4. 医生要李知恩拔牙吗？
5. 李知恩觉得什么职业最赚钱，张明呢？
6. 为什么整容外科医生能赚很多钱？
7. 李知恩觉得做什么工作最幸福？

三、扩展 / Accumulating / 확장연습

一点儿都不熟悉	不太熟悉	比较熟悉	很熟悉
取药	取成绩单	取结果	取钱
真够朋友	真够哥儿们	真够水平	真够倒霉的
医学发达	经济发达	教育发达	国家发达
赚钱最多	赚很多钱	赚了不少的钱	没赚什么钱
认不出来	认得出来	认了出来	没认出来

四、替换 / Substitution and extension / 변환 연습

1. ……要<u>先挂号</u>，再去<u>找大夫看病</u>，然后<u>拿着大夫开的药方去取药</u>。

刷牙	洗脸	化妆
换衣服	休息一下	开始做饭

2. 你觉得什么 <u>职业的人赚钱</u> 最 <u>多</u>？

语言学起来	难
发型看上去	漂亮

3. 听说不光<u>女士整容</u>，<u>男士整容的</u> 也越来越多了。

成年人抽烟	小孩子抽烟的
在国内旅游	去国外旅游的

4. 虽然当医生赚钱多， 可是医生从来就不是我的理想职业。

> 我也想去　　　　真的没有时间
> 他们结婚十年了　　还是没有孩子

五、情境实践 / Situation practice / 상황 연습

1. 你的牙怎么了？ （形容词+得）
2. 牙疼应该去什么医院看病？ （专门）
3. 拔牙你紧张吗？ （有点儿）
4. 医生说什么时候再来检查？ （如果）
5. 为什么大家都觉得商人赚钱最多？ （一下子）

六、交际任务 / Intercommunication practice / 역할 연습

谈谈你在中国看病的经历。

七、补充词语 / Over the vocabulary / 보충단어

牙疼　　胃疼　　肚子疼　　头疼　　脚疼　　眼睛疼　　嗓子疼　　腰疼
外科　　内科　　精神科　　骨科　　消化科　　眼科　　脑科　　急诊科　　妇科
牙科　　呼吸科　　传染科　　专家门诊　　普通门诊

生词 NEW WORDS 새로 나온 단어

1.	轻松	qīngsōng	(形)	relaxed	가뿐하다
2.	全身	quánshēn	(名)	the whole body	전신
3.	翻身	fān shēn		to turn over	몸을 돌리다. 엎치락 뒤치락하다
4.	论文	lùnwén	(名)	paper; thesis	논문
5.	不管	bùguǎn	(连)	no matter what	…할지라도…에 상관없이
6.	活动	huódòng	(动)	to do exercise	활동하다
7.	声	shēng	(名)	sound	소리
8.	按摩	ànmó	(动)	to massage	안마하다
9.	加	jiā	(动)	to add; to increase	더하다
10.	劲儿	jìnr	(名)	energy; srtength	힘. 기운
11.	比	bǐ	(动)	more…than	…에 비하다. 비교하다
12.	个性	gèxìng	(名)	personality; style	개성
13.	发型	fàxíng	(名)	hair-style	헤어스타일
14.	边	biān	(名)	side	변두리. 쪽

15.	挤	jǐ	（动）	to crush	머리카락을 …에 이르도록 빗다
16.	中间	zhōngjiān	（名）	middle	중간
17.	酷	kù	（形）	cool	멋있다
18.	的确	díquè	（副）	surely; really	확실히. 분명히
19.	染	rǎn	（动）	to dye	물들이다. 염색하다
20.	理发店	lǐfàdiàn	（名）	barbershop	이발소
21.	棕色	zōngsè	（名）	brown colour	갈색
22.	似的	shìde	（助）	like	…한것 같다
23.	小型	xiǎoxíng	（形）	of mini-type	소형
24.	吉他	jítā	（名）	guitar	기타(악기)
25.	正要	zhèngyào	（副）	be about to do something	때마침…하려고 하다
26.	可惜	kěxī	（形）	regretable	안타깝다
27.	约会	yuēhuì	（名）	date	약속

第七课　感觉轻松多了

一、感觉 轻松 多了
Part One I feel more relaxed
회화 1. 훨씬 가뿐해진 느낌이예요

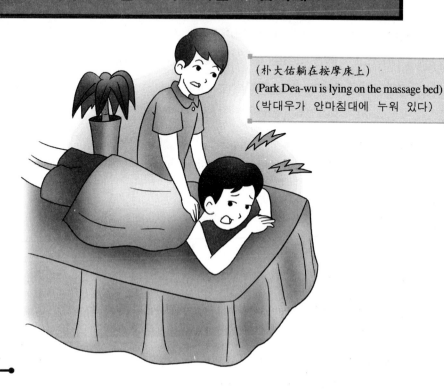

(朴大佑躺在按摩床上)
(Park Dea-wu is lying on the massage bed)
(박대우가 안마침대에 누워 있다)

按摩师：　您哪儿不舒服？
朴大佑：　我觉得全身都不舒服。
按摩师：　请翻过身来。最近都忙什么了？怎么会这样？
朴大佑：　写论文呢，在电脑前坐的时间太长了。
按摩师：　以后不管看书还是用电脑，坐的时间长了就要起来活动活动。
朴大佑：　我知道了。

（开始按摩）

按摩师：　这样行吗？如果太疼您就说一声。
朴大佑：　还行。按摩按摩舒服多了。
按摩师：　好，我要加点儿劲儿了。
朴大佑：　哎哟，师傅，太疼了。
按摩师：　对不起，我轻一点儿。
……

按摩师：现在好点儿了吗？
朴大佑：感觉轻松多了。
按摩师：在韩国也有很多人喜欢按摩吧？
朴大佑：是，只是价格要比中国贵得多。

Ànmóshī：Nín nǎr bù shūfu?
Piáo Dàyòu：Wǒ juéde quánshēn dōu bù shūfu.
Ànmóshī：Qǐng fānguo shēn lai. Zuìjìn dōu máng shénme le? Zěnme huì zhèyàng?
Piáo Dàyòu：Xiě lùnwén ne, zài diànnǎo qián zuò de shíjiān tài cháng le.
Ànmóshī：Yǐhòu bùguǎn kànshū háishi yòng diànnǎo, zuò de shíjiān chángle jiù yào qǐlai huódòng huódong.
Piáo Dàyòu：Wǒ zhīdao le.

（kāishǐ ànmó）

Ànmóshī：Zhèyàng xíng ma? Rúguǒ tài téng nín jiù shuōyishēng.
Piáo Dàyòu：Hái xíng. Ànmó ànmo shūfu duō le.
Ànmóshī：Hǎo, wǒ yào jiā diǎnr jìnr le.
Piáo Dàyòu：Āiyō, shīfu, tài téng le.
Ànmóshī：Duìbuqǐ, wǒ qīng yìdiǎnr.

……

Ànmóshī：Xiànzài hǎo diǎnr le ma?
Piáo Dàyòu：Gǎnjué qīngsōng duō le.
Ànmóshī：Zài Hánguó yě yǒu hěn duō rén xǐhuan ànmó ba?
Piáo Dàyòu：Shì, zhǐshì jiàgé yào bǐ Zhōngguó guì de duō.

（朴大佑说）
　　最近一段时间我忙着写论文，每天在电脑前边一坐就是几个小时，结果全身都不舒服，我就去做了按摩。虽然按摩的时候我觉得很疼，但是按摩以后就感觉轻松多了。在韩国，人们也喜欢按摩，但是价格要比中国贵得多。

第七课　感觉轻松多了

（Piáo Dàyòu shuō）

Zuìjìn yí duàn shíjiān wǒ mángzhe xiě lùnwén, měi tiān zài diànnǎo qiánbian yí zuò jiùshì jǐ ge xiǎoshí, jiéguǒ quánshēn dōu bù shūfu, wǒ jiù qù zuòle ànmó. Suīrán ànmó de shíhou wǒ juéde hěn téng, dànshì ànmó yǐhòu jiù gǎnjué qīngsōng duō le. Zài Hánguó, rénmen yě xǐhuan ànmó, dànshì jiàgé yào bǐ Zhōngguó guì de duō.

Èr. Kàn qilai hěn yǒu gèxìng
二、看起来很有个性
Part Two　You look having a strong character
회화 2. 정말 개성있게 보입니다

（海伦和罗伯特聊天）
(Helen and Robert are chatting)
(헬렌과 로버트가 이야기하는 장면)

海　伦：罗伯特，你今天的发型怎么这么特别？
罗伯特：是我们班的法国女生给我做的，你觉得怎么样？
海　伦：两边的头发都挤到中间站着，看起来很有个性。
罗伯特：应该说很酷很帅吧？
海　伦：的确够酷的。颜色是你自己选的吗？
罗伯特：那还用问？我还是在宿舍自己染的呢，没想到吧？理发店染发太贵了。

海　伦：这种棕色很适合你。
罗伯特：谢谢。我们班的女生也都说好看呢。
海　伦：换一个发型就像换了一个人似的。你今晚有演出吗？
罗伯特：是，有一个小型音乐会。我的吉他放在朋友家，我这会儿正要去拿呢。
海　伦：可惜我有约会，不能去看你演出了。我很喜欢你的音乐。

Hǎilún：Luóbótè, nǐ jīntiān de fàxíng zěnme zhème tèbié?

Luóbótè：Shì wǒmen bān de Fǎguó nǚshēng gěi wǒ zuò de, nǐ juéde zěnmeyàng?

Hǎilún：Liǎngbiān de tóufa dōu jǐdào zhōngjiān zhànzhe, kàn qilai hěn yǒu gèxìng.

Luóbótè：Yīnggāi shuō hěn kù hěn shuài ba?

Hǎilún：Díquè gòu kù de. Yánsè shì nǐ zìjǐ xuǎn de ma?

Luóbótè：Nà hái yòng wèn? Wǒ háishi zài sùshè zìjǐ rǎn de ne, méi xiǎngdào ba? Lǐfàdiàn rǎnfà tài guì le.

Hǎilún：Zhè zhǒng zōngsè hěn shìhé nǐ.

Luóbótè：Xièxie. Wǒmen bān de nǚshēng yě dōu shuō hǎokàn ne.

Hǎilún：Huàn yí ge fàxíng jiù xiàng huànle yí ge rén shìde. Nǐ jīnwǎn yǒu yǎnchū ma?

Luóbótè：Shì, yǒu yí ge xiǎoxíng yīnyuèhuì. Wǒ de jítā fàngzài péngyou jiā, wǒ zhèhuìr zhèngyào qù ná ne.

Hǎilún：Kěxī wǒ yǒu yuēhuì, bù néng qù kàn nǐ yǎnchū le. Wǒ hěn xǐhuan nǐ de yīnyuè.

（海伦说）
　　今天我看见罗伯特了，他的发型变了，两边的头发都挤到中间站着，看起来很酷，很有个性。他说是他们班的法国女生帮他做的。他的头发也染成了棕色，不过他没去理发店，是自己在宿舍染的。晚上他有演出，是一个小型音乐会。可惜我有约会，不能去看他演出了。

（Hǎilún shuō）
　　Jīntiān wǒ kànjiàn Luóbótè le, tā de fàxíng biàn le, liǎngbiān de

tóufa dōu jǐdào zhōngjiān zhànzhe, kàn qilai hěn kù, hěn yǒu gèxìng. Tā shuō shì tāmen bān de Fǎguó nǚshēng bāng tā zuò de. Tā de tóufa yě rǎnchéngle zōngsè, búguò tā méi qù lǐfàdiàn, shì zìjǐ zài sùshè rǎn de. Wǎnshang tā yǒu yǎnchū, shì yí ge xiǎoxíng yīnyuèhuì. Kěxī wǒ yǒu yuēhuì, bù néng qù kàn tā yǎnchū le.

 注释　Notes　주석

一、如果太疼您就说一声

"说一声"的意思是"告诉一下儿"。例如：
"说一声" means "告诉一下儿". e.g.
说一声은 告诉(말하다)의 뜻이다. 예를 들면：
(1) 有什么需要帮忙的，你就说一声。
(2) 哪儿不舒服，你就说一声。
(3) 如果你们要来，请提前说一声，我们好准备一下。

二、只是价格要比中国贵得多

"只是"表示轻微转折的语气。例如：
"只是" is to show a slight turn in the topic. e.g.
只是는 가볍게 전환하는 어기이다. 예를 들면：
(1) 今天阳光很好，只是有点儿风。
(2) 这幅风景画很漂亮，只是不知道画家是哪一位。

三、的确够酷的

"够……的"，表示程度很高。例如：
"够……的" means to a high degree. e.g.
够……的는 그 정도가 매우 높음을 표시한다. 예를 들면：
(1) 这几天真够热的。
(2) 这件事真够麻烦的。
(3) 你来得够早的。

四、就像换了一个人似的

"似的"用在名词、代词或动词后面,表示跟某种事物或情况相似。例如:

"似的", used after the noun, the pronoun, or the verb, which means the similarity with another one. e.g.

似的 는 명사, 대명사 혹은 동사 뒤에 사용하여 모종 사물이나 정황이 서로 흡사하다는 것을 표시한다. 예를 들면:

(1) 老人笑得像孩子似的。
(2) 大山仿佛睡着了似的。
(3) 他高兴得什么似的。

表达   Expressions   표현다루기

A:颜色是你自己选的吗?
B:那还用问?

"那还用问",反问句,表示不用问,当然。例如:

"那还用问", a rhetorical sentence, means there is no need to ask; of course. e.g.

那还用问?은 반문구로서 물을 필요 없이 당연하다는 것을 표시한다. 예를 들면:

(1) A:他怎么还不回来?
    B:那还用问?准是去喝酒了。
(2) A:你打算毕业以后先找工作还是先结婚?
    B:那还用问?当然先找工作了。

练习   Exercises   연습문제

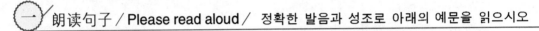
一、朗读句子 / Please read aloud / 정확한 발음과 성조로 아래의 예문을 읽으시오

1. 您哪儿不舒服?
2. 我觉得全身都不舒服。
3. 最近都忙什么了?
4. 写论文呢,在电脑前坐的时间太长了。
5. 这样行吗?如果太疼您就说一声。

6. 哎哟，师傅，太疼了。
7. 现在好点儿了吗？
8. 感觉轻松多了。
9. 你今天的发型怎么这么特别？
10. 你觉得怎么样？
11. 看起来很有个性。
12. 的确够酷的。
13. 那还用问？我还是在宿舍自己染的呢，没想到吧？
14. 可惜我有约会，不能去看你演出了。

二、回答问题 / Please answer the questions / 다음 문제에 답하시오

1. 朴大佑为什么全身不舒服？
2. 看书、用电脑要注意什么？
3. 按摩之后感觉怎么样？
4. 在韩国按摩的价格贵吗？
5. 罗伯特的发型怎么样？
6. 谁给罗伯特理的发？
7. 罗伯特的头发是什么颜色的？
8. 罗伯特晚上要做什么？

三、扩展 / Accumulating / 확장연습

全身	全部	全面	全体	全班	全家	全校	全城	全市	全国

翻　　翻身　　翻书　　翻看　　翻阅
身体　　身材　　身高　　合身　　亲身　　单身
声　　声音　　叫声　　歌声　　响声　　读书声　　说话声　　流水声　　风声　　雨声
加　　加上　　加油　　加水　　加价
干劲儿　　　有劲儿　　　使劲儿
轻松　　　轻松轻松　　　轻松一下儿
发型　　眉型　　嘴型　　口型　　模型
染　　染色　　污染　　感染

四 替换 / Substitution and extension / 변환 연습

1. 我在 写论文 呢。

   | 上课 |
   | 看电视 |

2. 不管 看书 还是 用电脑，坐的时间长了 就要 起来活动活动。

   | 学外语 | 学技术 | 学了 | 练习 |
   | 学习 | 工作 | 来到中国 | 多认识一些朋友 |

3. 如果 太 疼 您就说一声。

   | 累 |
   | 麻烦 |

4. 按摩按摩 舒服多了。

   | 聊聊天儿 |
   | 休息休息 |

5. 你今天的 发型 怎么这么特别？

   | 衣服 |
   | 发音 |

6. 看起来很 有个性。

   | 漂亮 |
   | 舒服 |

7. 的确够 酷 的。

   | 冷 |
   | 特别 |

8. 我的 吉他 放在朋友家，我这会儿正要去拿呢。

   | 行李 |
   | 东西 |

五 情境实践 / Situation practice / 상황 연습

1. 你哪儿不舒服？ （全身）
2. 按摩师请客人翻身，怎么说？ （过来）
3. 发型对人很重要吗？ （……似的）
4. 你因为有重要约会不能去参加朋友的晚会，你怎么跟朋友说？ （可惜）

六 交际任务 / Intercommunication practice / 역할 연습

1. 你去做一次按摩或健身，描述当时的情景。
2. 你去理发店理发，告诉理发师你想要的发型。
3. 把你理发的过程告诉同学。

七 补充词语 / Over the vocabulary / 보충단어

发酸	腰酸腿疼	腿抽筋	关节痛	心慌	胸闷	头晕	贫血
缺钙	疲劳	浮肿	水肿	虚弱	睡眠不足		失眠
烫发	拉直	染发	直发	卷发	刘海		辫子
卡子	发卡	发带	松	自然			

第八课 他们为顾客考虑得真周到
Lesson Eight They're so thoughtful for customers
제 8 과 그들은 고객을 위해 정말 주도면밀하게 배려합니다

生词 NEW WORDS 새로 나온 단어

1.	顾客	gùkè	(名)	customer; client	고객
2.	周到	zhōudào	(形)	thoughtful; considerate	주도면밀하다
3.	交费	jiāo fèi		to pay fees	요금을 내다
4.	排队	pái duì		to stand in line; to queue	줄을 서다
5.	干	gàn	(动)	to do	처리하다
6.	座位	zuòwèi	(名)	seat	자리
7.	杂志	zázhì	(名)	magazine	잡지
8.	存	cún	(动)	deposit	저축하다
9.	电	diàn	(名)	electricity	전기
10.	指导	zhǐdǎo	(动)	to guide; to direct	지도하다. 가르치다
11.	完全	wánquán	(副)	completely; entirely	완전하다
12.	甚至	shènzhì	(副)	even	심지어
13.	通过	tōngguò	(介)	by; through	통과하다...을 통하여

第八课 他们为顾客考虑得真周到

14.	海边	hǎibiān	（名）	seaside	해변
15.	度假	dùjià	（动）	to go for a vacation; to have a holiday	휴가를 보내다
16.	经济	jīngjì	（名）	economy	경제
17.	合作	hézuò	（动）	to cooperation	합작하다
18.	游览	yóulǎn	（动）	to visit; to tour	유람하다
19.	收获	shōuhuò	（动）	to harvest; to gain	수확하다
20.	自然	zìrán	（名）	nature	자연
21.	风光	fēngguāng	（名）	scenery; view	경치
22.	土著	tǔzhù	（名）	aboriginal; aboriginal inhabitant	토착의
23.	保护	bǎohù	（动）	to protect; to safeguard	보호하다
24.	吸引	xīyǐn	（动）	to attract; to draw	흡인하다
25.	世界	shìjiè	（名）	world	세계
26.	各地	gèdì	（名）	each place	각지
27.	游客	yóukè	（名）	tourists	여행객
28.	乘车	chéng chē		to take a car/taxi etc.	승차하다
29.	丰富	fēngfù	（形）	abundant, rich	풍부하다
30.	纪念品	jìniànpǐn	（名）	souvenir	기념품
31.	讲解	jiǎngjiě	（动）	to explain	설명하다
32.	翻译	fānyì	（动）	to translate	번역하다

专名	拼音	Proper Noun	고유명사
澳大利亚	Àodàlìyà	Australia	호주
新西兰	Xīnxīlán	New Zealand	뉴질랜드

一、他们为顾客考虑得真周到
Part One They're so thoughtful for customers
회화 1. 그들은 고객을 위해 정말 주도면밀하게 배려합니다

(张明和李知恩谈银行服务)
(Zhang Ming and Lee Ji-en are talking about the bank service)
(장명과 이지은이 은행서비스에 대해 한담하다)

张　明： 李知恩，听说你刚才找我了？我去银行交电话费了。你去哪儿了？我找了你很长时间。

李知恩： 唉，别提了。我去银行取钱，人特别多。一个上午光排队了，什么也没干，太慢了。你去的哪个银行？

张　明： 就是学校北门对面的那个银行。

李知恩： 那里人不多吗？

张　明： 人虽然多，但不用排队，可以坐在旁边的座位上等，也可以看杂志，他们还准备了水。

李知恩： 他们为顾客考虑得真周到。

张　明： 如果只是存款、取款，你可以用自动取款机。

李知恩： 可以在自动取款机上交费吗？

第八课 他们为顾客考虑得真周到

张　明：没问题，电话费、手机费、电费等都可以交。不会使用自动取款机的话，有服务员在旁边指导。
李知恩：存取外币行吗？
张　明：这个你不用担心，跟人民币完全一样。你甚至可以不去银行，在家里通过电话或网上银行就可以做很多事。
李知恩：真方便，那我以后也去这家银行。

Zhāng Míng：Lǐ Zhī'ēn, tīngshuō nǐ gāngcái zhǎo wǒ le? Wǒ qù yínháng jiāo diànhuàfèi le. Nǐ qù nǎr le? Wǒ zhǎole nǐ hěn cháng shíjiān.

Lǐ Zhī'ēn：Ài, bié tí le. Wǒ qù yínháng qǔ qián, rén tèbié duō. Yí ge shàngwǔ guāng pái duì le, shénme yě méi gàn, tài màn le. Nǐ qù de nǎ ge yínhang?

Zhāng Míng：Jiù shì xuéxiào běi mén duìmiàn de nà ge yínhang.

Lǐ Zhī'ēn：Nàli rén bù duō ma?

Zhāng Míng：Rén suīrán duō, dàn búyòng páiduì, kěyǐ zuò zài pángbiān de zuòwèi shang děng, yě kěiyǐ kàn zázhì, tānmen hái zhǔnbèi le shuǐ.

Lǐ Zhī'ēn：Tāmen wèi gùkè kǎolǜ de zhēn zhōudào.

Zhāng Míng：Rúguǒ zhǐshì cún kuǎn, qǔ kuǎn, nǐ kěyǐ yòng zìdòng qǔkuǎnjī.

Lǐ Zhī'ēn：Kěyǐ zài zìdòng qǔkuǎnjī shang jiāofèi ma?

Zhāng Míng：Méi wèntí, diànhuàfèi, shǒujīfèi, diànfèi děng dōu kěyǐ jiāo. Bú huì shǐyòng zìdòng qǔkuǎnjī dehuà, yǒu fúwùyuán zài pángbiān zhǐdǎo.

Lǐ Zhī'ēn：Cún qǔ wàibì xíng ma?

Zhāng Míng：Zhè ge nǐ búyòng dānxīn, gēn rénmínbì wánquán yíyàng. Nǐ shènzhì kěyǐ bú qù yínháng, zài jiāli tōngguò diànhuà huò wǎngshang yínháng jiù kěyǐ zuò hěn duōshì.

Lǐ Zhī'ēn：Zhēn fāngbian, nà wǒ yǐhòu yě qù zhè jiā yínháng.

（李知恩说）
　　今天上午我去银行取钱，人特别多，一个上午光排队了，什么也没干。张明说他去的那个银行服务非常好，人虽然多，但根本不用排队。可以坐在旁边的座位上等，也可以看杂志，银行为顾客考虑得很周到。如果只是存款、取款，可以用自动取款机，也可以在自动取款机上交费，电话费、手机费、电费都可以交。如果不会使用自动取款机的话，还有服务员在旁边指导。存取外币也跟人民币完全一样，甚至可以不去银行，在家里通过电话或网上银行就可以做很多事。我以后也去那个银行。

（Lǐ Zhī'ēn shuō）

Jīntiān shàngwǔ wǒ qù yínháng qǔ qián, rén tèbié duō, yí ge shàngwǔ guāng páiduì le, shénme yě méi gàn. Zhāng Míng shuō tā qù de yínháng fúwù fēicháng hǎo, rén suīrán duō, dàn gēnběn búyòng páiduì. Kěyǐ zuò zài pángbiān de zuòwèi shang děng, yě kěyǐ kàn zázhì, yínháng wèi gùkè kǎolǜ de hěn zhōudào. Rúguǒ zhǐshì cúnkuǎn, qǔkuǎn, kěyǐ yòng zìdòng qǔkuǎnjī, yě kěyǐ zài zìdòng qǔkuǎnjī shang jiāo fèi, diànhuàfèi, shǒujīfèi, diànfèi dōu kěyǐ jiāo. Rúguǒ bú huì shǐyòng zìdòng qǔkuǎnjī dehuà, hái yǒu fúwùyuán zài pángbiān zhǐdǎo. Cún qǔ wàibì yě gēn rénmínbì wánquán yíyàng, shènzhì kěyǐ bú qù yínháng, zài jiāli tōngguò diànhuà wǎngshang yínháng jiù kěyǐ zuò hěn duōshì. Wǒ yǐhòu yě qù nà ge yínháng.

Èr. Nǐ shìbushì qù hǎibiān dùjià le?

二、你是不是去海边度假了？

Part Two   Have you been to the seaside for holiday?

회화 2. 당신은 바닷가에 가서 휴가를 보냈습니까?

李知恩： 李林，你看上去精神不错啊，是不是去海边度假了？
李　林： 真叫你说对了，我刚从澳大利亚和新西兰回来。
李知恩： 是专门去旅游吗？
李　林： 不是。公司有一个经济合作项目，我陪经理一起去的，顺便游览了一下儿。
李知恩： 快说说，印象怎么样？收获一定不小吧？
李　林： 自然风光没说的，另外，新西兰的毛利文化村很有特色，当地的土著文化保护得很好，吸引了不少世界各地的游客。
李知恩： 吃、住、乘车什么的方便吗？服务怎么样？
李　林： 还不错，就是旅游纪念品不够丰富，有的没有中文讲解。看，我给你带的礼物，不过上面只有英文，没有韩文。
李知恩： 啊，太漂亮了！谢谢你。

第八课　他们为顾客考虑得真周到

（李林跟李知恩谈旅游经历）
（Li Lin is talking about travelling experience with Lee Ji-en）
（이림과 이지은이 여행경험을 얘기하다）

Lǐ Zhī'ēn : Lǐ Lín, nǐ kàn shangqu jīngshén búcuò a, shìbushì qù hǎibiān dùjià le?

Lǐ Lín : Zhēn jiào nǐ shuōduì le, wǒ gāng cóng Àodàlìyà hé Xīnxīlán huílai.

Lǐ Zhī'ēn : Shì zhuānmén qù lǚyóu ma?

Lǐ Lín : Bú shì. Gōngsī yǒu yí ge jīngjì hézuò xiàngmù, wǒ péi jīnglǐ yìqǐ qù de, shùnbiàn yóulǎn le yíxiàr.

Lǐ Zhī'ēn : Kuài shuōshuo, yìnxiàng zěnmeyàng? Shōuhuò yídìng bù xiǎo ba?

Lǐ Lín : Zìrán fēngguāng méishuōde, lìngwài, Xīnxīlán de máolì wénhuàcūn hěn yǒu tèsè, dāngdì de tǔzhù wénhuà bǎohù de hěn hǎo, xīyǐnle bùshǎo shìjiè gè dì de yóukè.

Lǐ Zhī'ēn : Chī, zhù, chéngchē shénmede fāngbiàn ma? Fúwù zěnmeyàng?

Lǐ Lín : Hái búcuò, jiùshì lǚyóu jìniànpǐn búgòu fēngfù, yǒude méiyǒu Zhōngwén jiǎngjiě. Kàn, wǒ gěi nǐ dài de lǐwù, búguò shàngmian zhǐyǒu Yīngwén, méiyǒu Hánwén.

Lǐ Zhī'ēn : Ā, tài piàoliang le! Xièxie nǐ.

（李知恩说）

李林刚从澳大利亚和新西兰回来，看上去精神很不错。他不是专门去海边旅游度假的，而是因为他们公司有一个经济合作项目，他陪经理一起去，顺便游览了一下儿。他认为那里的自然风光非常美，当地的土著文化也保护得很好，吸引了不少世界各地的游客。只是旅游纪念品不够丰富，有的没有中文讲解，他还带给我一件礼物，虽然没有韩文翻译，可是礼物非常漂亮，我很喜欢。

（Lǐ Zhī'ēn shuō）

Lǐ Lín gāng cóng Àodàlìyà hé Xīnxīlán huílai, kàn shangqu jīngshén hěn búcuò. Tā bú shì zhuānmén qù hǎibiān lǚyóu dùjià de, érshì yīnwèi tāmen gōngsī yǒu yí ge jīngjì hézuò xiàngmù, tā péi jīnglǐ yìqǐ qù, shùnbiàn yóulǎnle yíxiàr. Tā rènwéi nàli de zìrán fēngguāng fēicháng měi, dāngdì de tǔzhù wénhuà yě bǎohù de hěn hǎo, xīyǐnle bù shǎo shìjiè gè dì de yóukè. Zhǐshì lǚyóu jìniànpǐn búgòu fēngfù, yǒude méiyǒu Zhōngwén jiǎngjiě, tā hái dàigěi wǒ yí jiàn lǐwù, suīrán méiyǒu Hánwén fānyì, kěshì lǐwù fēicháng piàoliang, wǒ hěn xǐhuan.

注释　Notes　주석

你甚至可以不去银行，在家里通过电话或网上银行就可以做很多事

"甚至"，强调突出的事例，有更进一层的意思。例如：
"甚至" is to stress the prominent incidents and indicates a further meaning. e.g.
甚至<심지어>는 특출한 사례를 강조하며<한 걸음 더 나아가, 더욱>의 뜻이다. 예를 들면：

(1) 他最近特别忙，甚至没有时间好好儿睡一觉。
(2) 他的口语太好了，甚至听不出他是韩国人。
(3) 我根本不了解他，甚至连他的名字也不知道。

第八课　他们为顾客考虑得真周到

表达　Expressions　표현다루기

一、A：你去哪儿了？我找了你很长时间
　　B：唉，别提了。我去银行取钱，人特别多

"别提了"，表示对方问到的情况自己觉得很不好，不想多说。有时候表示程度很高，无须过多说明。例如：

"别提了" expresses that the speaker feels very bad about the problem his friend has mentioned and doesn't want to go further into it. Sometimes it means something is in a high degree and there is no need to explain more. e.g.

별제了 는 상대방이 물은 대목이 자신이 생각하기에 일을 그르쳤다거나 더 이상 얘기하고 싶지 않다는 것을 표시한다. 어떤 때는 그 정도가 최고도에 올라서 더 이상의 설명이 필요없다는 것을 표시한다. 예를 들면：

(1) A：你上课来晚了？
　　B：别提了，半路上我的自行车坏了。
(2) A：旅行怎么样？
　　B：别提了，票不好买，只好坐飞机回来了。
(3) 这儿夏天的热就别提了。

二、A：你看上去精神不错啊，是不是去海边度假了
　　B：真叫你说对了

"真叫……说对了"，对方猜对了自己的情况时说的话。例如：

"真叫……说对了" is used when the partner is right in guessing the speaker's meaning. e.g.

真叫…说对了 는 상대방이 자기의 정황을 알아 맞추었을 때 하는 말이다. 예를 들면：

(1) A：你这么高兴，是考上大学了吧？
　　B：真叫你说对了。
(2) 今天还真叫他说对了，真的下雨了。

三、自然风光没说的

"没说的"表示完美，没有可指责的。例如：

"没说的" means it is perfect and no criticism can be given. e.g.

没说的是 比较적 무난하고 흠잡을 데가 없음을 표시한다. 예를 들면:
(1) 她是个有经验的老师，她的教学水平没说的。
(2) 她爱人对她真是没说的。

四、吃、住、乘车什么的方便吗

"什么的"表示没有列举完。例如：
"什么的" means something of this kind, which is used for enumeration. e.g.
什么的 는 <…한 종류, …한 것등> 의 뜻이다. 예를 들면:
(1) 星期天我想去商店看看鞋和衣服什么的。
(2) 我经常运动，游泳、跑步、打乒乓球什么的我都很喜欢。
(3) 周末我一般在宿舍看看书、听听音乐什么的。

五、就是旅游纪念品不够丰富

"就是"在这里的意思是仅仅、只。跟"只是"的意思一样。例如：
"就是" here means only, like "just". e.g.
여기에서 就是는 仅仅<겨우>恰<단지> 의 뜻이며 只是<그저…하다>와 같은 뜻이다. 예를 들면:
(1) 这套房子什么都好，就是厨房有点儿小。
(2) 以前就是他一个人知道，现在大家都知道了。

一 朗读句子 / Please read aloud / 정확한 발음과 성조로 아래의 예문을 읽으시오

1. 你去哪儿了？我找了你很长时间。
2. 一个上午光排队了，什么也没干，太慢了。
3. 他们为顾客考虑得真周到。
4. 你甚至可以不去银行，在家里通过电话或网上银行就可以做很多事。
5. 你看上去精神不错啊，是不是去海边度假了？
6. 真叫你说对了。
7. 快说说，印象怎么样？收获一定不小吧？
8. 吃、住、乘车什么的方便吗？

第八课　他们为顾客考虑得真周到

二 回答问题 / Please answer the questions / 다음 문제에 답하시오

1. 为什么李知恩说"一个上午光排队了，什么也没做"？
2. 什么情况下可以使用自动取款机？
3. 李林是专门去澳大利亚和新西兰旅游的吗？
4. 新西兰有什么特色的观光项目？
5. 李林觉得旅游纪念品怎么样？

三 扩展 / Accumulating / 확장연습

找了你很长时间　找了你一个上午　找了你半天　找了你两个小时
排队　不用排队　必须排队　应该排队　排了很长时间的队
考虑　考虑得很周到　考虑不周　仔细考虑　认真考虑　好好考虑一下儿
担心　不用担心　特别担心　千万别担心　一点儿也不担心　担心什么
专门去旅游　专门来看你　专门为你买的　专门去参观
经济合作项目　文化交流项目　特色旅游项目　合作开发项目

四 替换 / Substitution and extension / 변환 연습

1. 一个上午光<u>排队</u>了，<u>什么</u>　　也没<u>干</u>。

| 聊天 | 什么书 | 看 |
| 看电视 | 什么家务 | 做 |

2. <u>人</u>　虽然<u>多</u>，　但<u>不用排队</u>。

| 工作 | 忙 | 不觉得累 |
| 电影 | 有名 | 不想看 |

3. <u>自然风光</u>　没说的，另外，<u>新西兰的毛利文化村很有特色</u>。

| 他的汉语水平 | 他唱歌唱得也很好 |
| 演员的表演 | 电影里的歌曲也很好听 |

4. <u>吃、住、乘车什么的</u>　<u>方便</u>吗？

| 肉、鱼、蔬菜 | 新鲜 |
| 衣服、鞋子 | 贵 |

5. <u>服务</u>还不错，就是<u>旅游纪念品不够丰富</u>。

天气	温度有点儿低
质量	价格有点儿贵

五 情境实践 / Situation practice / 상황 연습

1. 昨天晚上你去哪儿了？我打了好几个电话你都不在。　　（别提了）
2. 可以在自动取款机上交电话费吗？　　（……的话）
3. 这个银行可以存取外币吗？　　（担心）
4. 你是专门去旅游吗？　　（陪）
5. 你这次去旅游收获不小吧？　　（没说的）
6. 新西兰的毛利文化村怎么样？　　（吸引）

六 交际任务 / Intercommunication practice / 역할 연습

谈谈你去过的最有意思的地方。

七 补充词语 / Over the vocabulary / 보충단어

开户　账户　存款　取款　活期　定期　利息　利率　汇率　身份证　密码
填表　存款单　取款单　账号　确定　取消　休假　休闲　出差　景点　游览
胜地　人文景观　人类文化遗产　破坏　文物　旅行手册

第九课 罗伯特上报纸了
Lesson Nine Robert has been reported on newspaper
제 9 과 로버트가 신문에 났습니다

生词 NEW WORDS 새로 나온 단어

1.	报纸	bàozhǐ	（名）	newspaper	신문
2.	尴尬	gāngà	（形）	awkward; embarrassed	난처하다 곤혹수럽다
3.	到底	dàodǐ	（副）	finally, on earth	도대체
4.	钱包	qiánbāo	（名）	wallet	지갑
5.	丢	diū	（动）	to lose	잃다. 분실하다
6.	居留证	jūliúzhèng	（名）	residence card	거류증
7.	主意	zhǔyi	（名）	idea; decision	방법. 생각. 아이디어
8.	派出所	pàichūsuǒ	（名）	police station	파출소
9.	电视台	diànshìtái	（名）	TV station	TV 방송국
10.	报社	bàoshè	（名）	news agency	신문사
11.	说明	shuōmíng	（动）	to explain	설명하다
12.	并	bìng	（连）	and	아울러
13.	消息	xiāoxi	（名）	information; news	소식

14.	司机	sījī	（名）	driver	운전사
15.	卫生	wèishēng	（名）	clean	위생
16.	远亲不如近邻	yuǎnqīn bùrú jìnlín		Neighbors are dearer than distant relatives.	먼 친척은 가까운 이웃만 못하다
17.	大小	dàxiǎo	（名）	space	크기
18.	家具	jiājù	（名）	furniture	가구
19.	家用电器	jiāyòng diànqì		appliance	가전용품
20.	邻居	línjū	（名）	neighbour	이웃
21.	退休	tuì xiū		to retire	퇴직하다
22.	夫妇	fūfù	（名）	couple	부부
23.	热心	rèxīn	（形）	warm-hearted	열심이다
24.	情况	qíngkuàng	（名）	situation; surroundings	정황, 상황
25.	细心	xìxīn	（形）	thoughtful	세심하다
26.	钥匙	yàoshi	（名）	key	열쇠
27.	盐	yán	（名）	salt	소금
28.	烧	shāo	（动）	to boil	태우다. 끓다
29.	马大哈	mǎdàhā	（名）	careless person	덜렁이
30.	警察	jǐngchá	（名）	policeman	경찰
31.	阳台	yángtái	（名）	balcony	발코니
32.	窗户	chuānghu	（名）	window	창문
33.	强	qiáng	（形）	better	강하다

第九课　　**罗伯特上报纸了**

一、罗伯特上报纸了
Yī. Luóbótè shàng bàozhǐ le
Part One Robert has been reported on newspaper

회화 1. 로버트가 신문에 났습니다

（李知恩拿着一张报纸去教室）
(Lee Ji-en went to the classroom with a newspaper)
(이지은이 신문을 들고 교실로 가다)

李知恩：罗伯特，你上报纸了，看，这儿还有你的照片呢！
罗伯特：我看看，真是我啊，不好意思。（样子很尴尬）
李知恩：到底怎么回事？快说说。
罗伯特：唉！前天在公共汽车上，人太多，我不小心把钱包丢了。里边有很多重要的东西，有护照、居留证，还有不少钱。
李知恩：你急坏了吧？
罗伯特：可不！丢钱包的时候我一点儿也不知道，等回到宿舍才发现，当时真急死人了。
李知恩：最后怎么找到的？
罗伯特：朋友们给我出了很多主意，有的让我去派出所，有的让我去公交公司……
李知恩：后来呢？
罗伯特：后来我们学校办公室的老师帮我给公交公司、电视台、报社、派出所都打了电话，说明了我的情况，并留下了联系电话。

李知恩： 最后怎么找到的？到底丢在哪儿了？
罗伯特： 第二天就有消息了，钱包丢在公交车上了，一位司机师傅打扫卫生时发现的。看，报纸上的照片，站在我旁边的就是那位司机。真是太感谢他了。

Lǐ Zhī'ēn： Luóbótè, nǐ shàng bàozhǐ le, kàn, zhèr hái yǒu nǐ de zhàopiàn ne!

Luóbótè： Wǒ kànkan, zhēn shì wǒ a, bùhǎoyìsi. (yàngzi hěn gāngà)

Lǐ Zhī'ēn： Dàodǐ zěnme huíshì? Kuài shuōshuo.

Luóbótè： Āi! Qiántiān zài gōnggòng qìchē shang, rén tài duō, wǒ bù xiǎoxīn bǎ qiánbāo diū le. Lǐbian yǒu hěn duō zhòngyào de dōngxi, yǒu hùzhào, jūliúzhèng, háiyǒu bù shǎo qián.

Lǐ Zhī'ēn： Nǐ jíhuài le ba?

Luóbótè： Kěbu! Diū qiánbāo de shíhou wǒ yìdiǎnr yě bù zhīdào, děng huídào sùshè cái fāxiàn, dāngshí zhēn jísǐ rén le.

Lǐ Zhī'ēn： Zuìhòu zěnme zhǎodào de?

Luóbótè： Péngyoumen gěi wǒ chūle hěn duō zhǔyi, yǒude ràng wǒ qù pàichūsuǒ, yǒude ràng wǒ qù gōngjiāo gōngsī ……

Lǐ Zhī'ēn： Hòulái ne?

Luóbótè： Hòulái wǒmen xuéxiào bàngōngshì de lǎoshī bāng wǒ gěi gōngjiāo gōngsī, diànshìtái, bàoshè, pàichūsuǒ dōu dǎle diànhuà, shuōmíngle wǒ de qíngkuàng, bìng liúxiàle liánxì diànhuà.

Lǐ Zhī'ēn： Zuìhòu zěnme zhǎodào de? Dàodǐ diūzài nǎr le?

Luóbótè： Dì-èr tiān jiù yǒu xiāoxi le, qiánbāo diūzài gōngjiāochē shang le, yí wèi sījī shīfu dǎsǎo wèishēng shí fāxiàn de. Kàn, bàozhǐ shang de zhàopiàn, zhànzài wǒ pángbiān de jiùshì nà wèi sījī. Zhēn shì tài gǎnxiè tā le.

第九课　罗伯特上报纸了

（罗伯特说）

今天李知恩拿了一张报纸到教室,上面有我的照片!我上报纸了?真不好意思。事情是这样的:前天在公共汽车上,我不小心把钱包丢了。当时我并不知道,回到宿舍才发现,我急坏了!钱包里还有护照和居留证呢。朋友们给我出了很多主意。后来我们学校办公室的老师帮我给公交公司、电视台、报社、派出所都打了电话。第二天就有消息了,钱包就在公交车上,是司机师傅打扫卫生时发现的,照片上站在我旁边的就是那位师傅。我真得好好儿谢谢他。

(Luóbótè shuō)

Jīntiān Lǐ Zhī'ēn nále yì zhāng bàozhǐ dào jiàoshì, shàngmian yǒu wǒ de zhàopiàn! Wǒ shàng bàozhǐ le? Zhēn bùhǎoyìsi. Shìqing shì zhèyàng de: qiántiān zài gōnggòng qìchē shang, wǒ bù xiǎoxīn bǎ qiánbāo diū le. Dāngshí wǒ bìng bù zhīdào, huídào sùshè cái fāxiàn, wǒ jíhuài le! Qiánbāo li hái yǒu hùzhào hé jūliúzhèng ne. Péngyoumen gěi wǒ chūle hěn duō zhǔyi. Hòulái wǒmen xuéxiào bàngōngshì de lǎoshī bāng wǒ gěi gōngjiāo gōngsī, diànshìtái, bàoshè, pàichūsuǒ dōu dǎle diànhuà. Dì-èr tiān jiù yǒu xiāoxi le, qiánbāo jiù zài gōngjiāochē shang, shì sījī shīfu dǎsǎo wèishēng shí fāxiàn de, zhàopiàn shang zhàn zài wǒ pángbiān de jiùshì nà wèi shīfu. Wǒ zhēn děi hǎohāor xièxie tā.

Èr　Yuǎnqīn bùrú jìnlín
二、远亲不如近邻
Part Two　Neighbors are dearer than distant relatives
회화 2. 먼 친척은 가까운 이웃만 못합니다

海　伦：罗伯特,你在外面租的房子怎么样?

罗伯特：我很满意,房间很干净,大小也合适,家具、家用电器都很齐全。

海　伦：周围环境怎么样?

罗伯特：很好。我的邻居是一对退休夫妇，很热心，平时帮了我不少忙。
海　伦：远亲不如近邻嘛！
罗伯特：刚搬进去的时候，我对周围的情况不熟悉，这两位老人给我介绍附近的市场、银行、商店，有时还陪我去买东西。
海　伦：他们真细心。
罗伯特：上周我打不开门的时候，也多亏了他们帮忙。
海　伦：你丢钥匙了？
罗伯特：不是，我做饭的时候发现没有盐了，就出去买盐，可出门的时候忘了带钥匙，进不了门了，最让人着急的是屋里还烧着水呢！
海　伦：你可真是个马大哈。
罗伯特：我的邻居给110打电话，警察从他们家的阳台上爬到我的阳台上，又从窗户进去，好不容易才拿出了钥匙。
海　伦：多亏了这两位老人，租房的时候有一个好邻居比什么都强！

（海伦和罗伯特聊天）
(Helen chats with Robert)
(헬렌과 로버트가 한담하다)

Hǎilún：Luóbótè, nǐ zài wàimian zū de fángzi zěnmeyàng?
Luóbótè：Wǒ hěn mǎnyì, fángjiān hěn gānjìng, dàxiǎo yě héshì, jiājù, jiāyòng diànqì dōu hěn qíquán.
Hǎilún：Zhōuwéi huánjìng zěnmeyàng?

第九课　罗伯特上报纸了

Luóbótè： Hěn hǎo. Wǒ de línjū shì yí duì tuìxiū fūfù, hěn rèxīn, píngshí bāngle wǒ bù shǎo máng.

Hǎilún： Yuǎnqīn bùrú jìnlín ma!

Luóbótè： Gāng bān jinqu de shíhou, wǒ duì zhōuwéi de qíngkuàng bù shúxī, zhè liǎng wèi lǎorén gěi wǒ jièshào fùjìn de shìchǎng, yínháng, shāngdiàn, yǒushí hái péi wǒ qù mǎi dōngxi.

Hǎilún： Tāmen zhēn xìxīn.

Luóbótè： Shàngzhōu wǒ dǎ bù kāi mén de shíhou, yě duōkuīle tāmen bāngmáng.

Hǎilún： Nǐ diū yàoshi le?

Luóbótè： Bú shì, wǒ zuòfàn de shíhou fāxiàn méiyǒu yán le, jiù chūqu mǎi yán, kě chūmén de shíhou wàngle dài yàoshi, jìnbuliǎo mén le, zuì ràng rén zháojí de shì wūli hái shāozhe shuǐ ne!

Hǎilún： Nǐ kě zhēn shì ge mǎdàhā.

Luóbótè： Wǒ de línjū gěi yāo-yāo-líng dǎ diànhuà, jǐngchá cóng tāmen jiā de yángtái shang pádào wǒ de yángtái shang, yòu cóng chuānghu jìnqu, hǎobù róngyì cái náchule yàoshi.

Hǎilún： Duōkuīle zhè liǎng wèi lǎorén, zū fáng de shíhou yǒu yí ge hǎo línjū bǐ shénme dōu qiáng!

（海伦说）
　　罗伯特在外面租了房子。他觉得很满意，房间干净，大小合适，家具、家电也都很齐全。周围环境也不错。他的邻居是一对退休夫妇，很热心，平时帮了他不少忙。刚搬进去的时候，他对周围的情况不熟悉，那两位老人给他介绍附近的市场、银行、商店，有时还陪他去买东西。罗伯特是个马大哈，有一次他出门时忘了带钥匙，进不了门了，而且屋里还烧着水。多亏邻居夫妇给110打了电话，警察从他们家的阳台上爬过去，拿出了钥匙，打开了门。中国人常说"远亲不如近邻"，的确是这样，租房的时候有一个好邻居比什么都强。

(Hǎilún shuō)

Luóbótè zài wàimian zūle fángzi. Tā juéde hěn mǎnyì, fángjiān gānjìng, dàxiǎo héshì, jiājù, jiādiàn yě dōu hěn qíquán. Zhōuwéi huánjìng yě búcuò. Tā de línjū shì yí duì tuìxiū fūfù, hěn rèxīn, píngshí bāngle tā bù shǎo máng. Gāng bān jinqu de shíhou, tā duì zhōuwéi de qíngkuàng bù shúxī, nà liǎng wèi lǎorén gěi tā jièshào fùjìn de shìchǎng, yínháng, shāngdiàn, yǒushí hái péi tā qù mǎi dōngxi. Luóbótè shì ge mǎdàhā, yǒu yí cì tā chūmén shí wàngle dài yàoshi, jìnbuliǎo mén le, érqiě wūli hái shāozhe shuǐ. Duōkuī línjū fūfù gěi yāo-yāo-líng dǎle diànhuà, jǐngchá cóng tāmen jiā de yángtái shang pá guoqu, náchule yàoshi, dǎkāile mén. Zhōngguórén cháng shuō "yuǎn qīn bùrú jìnlín", díquè shì zhèyàng, zūfáng de shíhou yǒu yí ge hǎo línjū bǐ shénme dōu qiáng.

注释　Notes　주석

一、等回到宿舍才发现

"才"在这里表示事情发生得晚或结束得晚。例如：
"才" here means something happens or finishes late. e.g.
일의 발생이 늦거나, 늦게 종료되었음을 나타낸다. 예를 들면：
(1) 罗伯特11点才回来。
(2) 他说星期三动身，其实到星期五才走。
(3) 大雨下了一天一夜，到今天早上才不下了。

二、远亲不如近邻

"远亲不如近邻"的意思是需要帮助的时候，住处离得远的亲戚不如邻居方便。强调有好邻居很重要。
"远亲不如近邻"means when we need help, the relatives who lives far away are not so helpful as our neighbors. This stresses the importantce of good neighbors.
远亲不如近邻의 뜻은 도움이 필요할 때 먼 곳의 친척은 가까운 이웃만 못하다는 의미로 좋은 이웃의 중요성을 강조한다.

三、我的邻居给110打电话

"110"在中国是公安机关接受报警的电话号码。
"110"is the emergency police telephone number in China.
110은 중국 공안 기관이 사건을 접수받는 전화 번호이다.

表达　　Expressions　　표현다루기

一、我看看，真是我啊，不好意思

"不好意思"，觉得难为情，有时候用于为自己给别人带来的麻烦表示歉意。例如：
"不好意思"means feeling embarrassed or sometimes sorry for having bothered others. e.g.
不好의사는 쑥스럽다. 멋적다는 느낌이며, 어떤 때는 자기 때문에 다른 사람에게 폐를 끼쳤을 때 미안함을 표시하기도 한다. 예를 들면：
（1）他被大家表扬得不好意思了。
（2）你不要老谢我，我都不好意思了。
（3）常常打扰你真不好意思。

二、你可真是个马大哈

"马大哈"指做事粗心的人。例如：
"马大哈"refers to a careless person. e.g.
马大哈는 일을 덜렁 덜렁 처리하는 사람을 가리킨다. 예를 들면：
（1）她是个马大哈，常常丢钥匙。
（2）你这个马大哈，刚放的东西就找不到了？

三、好不容易才拿出了钥匙

"好不容易"是很不容易的意思。例如：
"好不容易"means taking a lot of trouble. e.g.
好不容易의 뜻은 〈가까스로, 어렵사리〉의 이다. 예를 들면：
（1）我好不容易才找到他。
（2）她好不容易才考上大学。

练习 Exercises 연습문제

一 朗读句子 / Please read aloud / 정확한 발음과 성조로 아래의 예문을 읽으시오

1. 我看看，真是我啊，不好意思。
2. 到底怎么回事？快说说。
3. 丢钱包的时候我一点儿也不知道，等回到宿舍才发现，当时真急死人了。
4. 最后怎么找到的？
5. 到底丢在哪儿了？
6. 远亲不如近邻嘛！
7. 最让人着急的是屋里还烧着水呢！
8. 你可真是个马大哈。
9. 租房的时候有一个好邻居比什么都强！

二 回答问题 / Please answer the questions / 다음 문제에 답하시오

1. 罗伯特丢的钱包里有什么东西？
2. 罗伯特的钱包到底丢在哪儿了？
3. 报纸上站在罗伯特身边的人是谁？
4. 罗伯特在外面租的房子怎么样？
5. 打不开门的时候为什么罗伯特很着急？
6. 警察是怎么帮罗伯特打开门的？

三 扩展 / Accumulating / 확장연습

打扫卫生　打扫房间　卫生间　卫生纸　卫生习惯　讲究卫生
出主意　没有主意　好主意　馊主意
联系电话　联系方式　保持联系　失去了联系　联系很多　没有联系
周围环境　自然环境　人文环境　社会环境　保护环境　经济环境
帮忙　帮帮忙　帮我一个忙　帮了我很多忙　帮帮我的忙　帮不上忙
进不了门　打不开门　帮不上忙　忙不过来　想不出来　想不起来

四 替换 / Substitution and extension / 변환 연습

1. 我不小心把<u>钱包</u> <u>丢</u>了。

   | 杯子 | 摔 |
   | 汤 | 洒 |

2. 朋友们给我<u>出了很多主意</u>。

   | 想了很多办法 |
   | 买了很多礼物 |

3. <u>钱包</u> <u>丢</u>在<u>公交车上</u>了。

   | 钥匙 | 忘 | 宿舍了 |
   | 手机 | 落 | 出租车上了 |

4. <u>房间</u>很<u>干净</u>,<u>大小</u>也<u>合适</u>。

   | 衣服 | 漂亮 | 颜色 | 好看 |
   | 水果 | 好吃 | 价格 | 便宜 |

5. <u>刚搬进去</u>的时候,我对<u>周围</u>的<u>情况</u>不熟悉。

   | 刚来 | 中国 |
   | 刚学会开车 | 交通状况 |

6. 最让人着急的是<u>屋里还烧着水呢</u>!

   | 外面还下着雨呢 |
   | 朋友还等着我呢 |

五 情境实践 / Situation practice / 상황 연습

1. 罗伯特的钱包里有什么？　　　　　　　　　　　　　　　（重要）
2. 罗伯特什么时候发现钱包丢了?　　　　　　　　　　　　　（才）
3. 钱包最后怎么找到的?　　　　　　　　　　　　　　　　（打扫）
4. 罗伯特在外面租的房子怎么样?　　　　　　　　　　　　（齐全）
5. 罗伯特的邻居是什么人?　　　　　　　　　　　　　　　（帮忙）
6. 警察怎么帮罗伯特拿出钥匙的?　　　　　　　　　　　（好不容易）

（六）交际任务 / Intercommunication practice / 역할 연습

1. 谈一谈你遇到麻烦时别人是怎么帮助你的。
2. 介绍一下你的邻居。

（七）补充词语 / Over the vocabulary / 보충단어

证件　学生证　信用卡　银行卡　月票　联系方式　房屋中介　租房信息
套房　客厅　卧室　卫生间　厨房　热水器　暖气　空调　电风扇　洗衣机
地下室　储藏室　健身房　会馆　跑步机　小区　生活设施　房东
电梯　楼梯　高层建筑　顶层　朝阳　光线　阴暗　潮湿　晒

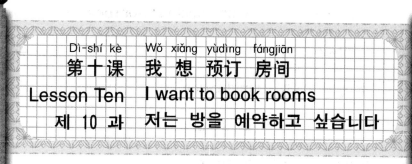

生词 NEW WORDS 새로 나온 단어

1.	预订	yùdìng	（动）	to book	예약하다
2.	别逗了	bié dòu le		Don't tease me.	놀리지 마라
3.	单	dān	（形）	single	단독의. 일인의
4.	设施	shèshī	（名）	facility	시설
5.	空调	kōngtiáo	（名）	air conditioner	에어콘
6.	供应	gōngyìng	（动）	to supply	공급하다
7.	称呼	chēnghu	（动）	to name; to call	호칭. 부르다
8.	办理	bànlǐ	（动）	to deal with	처리하다
9.	押金	yājīn	（名）	deposit; cash pledge	보증금
10.	熟	shú	（形）	familiar	익숙하다
11.	包	bāo	（动）	to rent	가방
12.	任何	rènhé	（代）	any	어떠한…라도
13.	地图册	dìtúcè	（名）	atlas	지도책
14.	大巴	dàbā	（名）	bus	대형버스
15.	景点	jǐngdiǎn	（名）	scenic spot	명승지. 명소
16.	出发	chūfā	（动）	to start	출발하다

17.	代	dài	（动）	to do something for somebody	…를 대신하다
18.	门票	ménpiào	（名）	ticket	입장권. 문표
19.	旺季	wàngjì	（名）	midseason	성수기. 제 철
20.	提前	tíqián	（动）	in advance	사전에
21.	提醒	tíxǐng	（动）	to remind	일깨우다

专名	拼音	Proper Noun	고유명사
1. 山水青宾馆	Shānshuǐqīng Bīnguǎn	Shanshuiqing Hotel	산수청 여관 싼쉐이칭
2. 桂林	Guìlín	Guilin, name of a city	계림 꾸이린
3. 漓江	Lí Jiāng	Li Jiang River	이강 리장
4. 昆明	Kūnmíng	Kunming, name of a city	곤명 쿤밍
5. 大理	Dàlǐ	Dali, name of a city	대리 따리

Yī. Wǒ xiǎng yùdìng fángjiān
一、我 想 预订 房间
Part One I want to book rooms
회화 1. 저는 방을 예약하고 싶습니다

张　明：大佑，你不想试试你的汉语水平怎么样吗？今天你来预订房间吧。
朴大佑：别逗了，我这汉语水平怎么能订房间啊？
李知恩：你最近汉语进步挺快的，试试吧。
朴大佑：试试就试试，说错了你们可不准笑话我。
李知恩：放心吧，我们不笑话你。
服务员：您好，山水青宾馆。
朴大佑：您好，我想预订房间。请问你们有什么样的房间？
服务员：有双人间，一天200块；单人间，一天150块。
朴大佑：房间里有什么设施？

第十课　我想预订房间

服务员：　有电视、电话、空调，24小时热水供应。
朴大佑：　好的。我预订一个双人间，一个单人间。
服务员：　您打算什么时候入住？住几天？
朴大佑：　下周六，就是21号。住三天。
服务员：　没问题。请问您怎么称呼？
朴大佑：　我叫张明。弓长"张"，光明的"明"。
张　明：　你怎么说我的名字？
朴大佑：　你的名字不是好记嘛！哈哈！

（张明、李知恩、朴大佑一起去旅游。张明让朴大佑打电话订房间）
(Zhang Ming, Lee Ji-en and Park Dea-wu went traveling together. Zhang Ming asked Park Dea-wu to telephone to book rooms)
(장명, 이지은, 박대우가 함께 여행을 갔는데. 장명이 박대우에게 전화로 방을 예약하라고 함)

Zhāng Míng：Dàyòu, nǐ bù xiǎng shìshi nǐ de Hànyǔ shuǐpíng zěnmeyàng ma? Jīntiān nǐ lái dìng fángjiān ba.
Piáo Dàyòu：Bié dòu le, wǒ zhè Hànyǔ shuǐpíng zěnme néng dìng fángjiān a?
Lǐ Zhī'ēn：Nǐ zuìjìn Hànyǔ jìnbù tǐng kuài de, shìshi ba.
Piáo Dàyòu：Shìshi jiù shìshi, shuōcuòle nǐmen kě bùzhǔn xiàohua wǒ.
Lǐ Zhī'ēn：Fàngxīn ba, wǒmen bú xiàohua nǐ.
Fúwùyuán：Nín hǎo, Shānshuǐqīng Bīnguǎn.
Piáo Dàyòu：Nín hǎo, wǒ xiǎng yùdìng fángjiān. Qǐngwèn nǐmen yǒu shénmeyàng de fángjiān?
Fúwùyuán：Yǒu shuāngrénjiān, yì tiān èrbǎi kuài; dānrénjiān, yì tiān yìbǎi wǔshí kuài.

Piáo Dàyòu : Fángjiān li yǒu shénme shèshī?
Fúwùyuán : Yǒu diànshì, diànhuà, kōngtiáo, èrshísì xiǎoshí rèshuǐ gōngyìng.
Piáo Dàyòu : Hǎo de. Wǒ yùdìng yí ge shuāngrénjiān, yí ge dānrénjiān.
Fúwùyuán : Nín dǎsuàn shénme shíhou rùzhù? Zhù jǐ tiān?
Piáo Dàyòu : Xià zhōuliù, jiùshì èrshíyī hào. Zhù sān tiān.
Fúwùyuán : Méi wèntí. Qǐngwèn nín zěnme chēnghu?
Piáo Dàyòu : Wǒ jiào Zhāng Míng. Gōng cháng "zhāng", guāngmíng de "míng".
Zhāng Míng : Nǐ zěnme shuō wǒ de míngzi?
Piáo Dàyòu : Nǐ de míngzi bú shì hǎo jì ma! Hāha!

（朴大佑说）

以前我和朋友们出去玩儿的时候，都是他们订房间什么的，我的汉语水平不行嘛。可是这一次他们让我来试着订房间。试试就试试，说错了他们也不会笑话我，再说，最近我的汉语进步挺快的。我打电话到山水青宾馆预订房间，那里有双人间，一天200块；单人间，一天150块。房间里的设施也比较齐全，有电视、电话、空调、24小时供应热水。我预订了一个双人间，一个单人间。我们打算下周六过去住，住三天。最后服务员问我怎么称呼，我说我叫张明，弓长"张"，光明的"明"。张明一听就问我为什么说他的名字，我笑了，他的名字不是好记嘛！

（Piáo Dàyòu shuō）

Yǐqián wǒ hé péngyoumen chūqu wánr de shíhou, dōu shì tāmen dìng fángjiān shénmede, wǒ de Hànyǔ shuǐpíng bùxíng ma. Kěshì zhè yí cì tāmen ràng wǒ lái shìzhe dìng fángjiān. Shìshi jiù shìshi, shuōcuòle tāmen yě bú huì xiàohua wǒ, zàishuō, zuìjìn wǒ de Hànyǔ jìnbù tǐng kuài de. Wǒ dǎ diànhuà dào Shānshuǐqīng Bīnguǎn yùdìng fángjiān, nàli yǒu shuāngrénjiān, yì tiān èrbǎi kuài, dānrénjiān, yì tiān yìbǎi wǔshí kuài. Fángjiān li de shèshī yě bǐjiào qíquán, yǒu diànshì, diànhuà, kōngtiáo, èrshísì xiǎoshí gōngyìng rèshuǐ. Wǒ yùdìngle yí ge shuāngrénjiān, yí ge dānrénjiān. Wǒmen dǎsuàn xià zhōuliù guòqu zhù, zhù sān tiān. Zuìhòu fúwùyuán wèn wǒ zěnme chēnghu, wǒ shuō wǒ jiào Zhāng Míng, gōng cháng "zhāng", guāngmíng de "míng". Zhāng Míng yì tīng jiù wèn wǒ wèi shénme shuō tā de míngzi, wǒ xiào le, tā de míngzi bú shì hǎo jì ma!

Èr. Bànlǐ rùzhù shǒuxù
二、办理入住手续
Part Two Handling the residence procedures
회화 2. 투숙 수속 처리

（在宾馆）
(In the hotel)
（호텔에서）

张　　明：您好，我上周预订了两个房间。
服务员：请问您怎么称呼？
张　　明：我叫张明。
服务员：您预订了一个双人间，一个单人间。请先交500块押金。
张　　明：我们是第一次来桂林旅游，情况不熟，请您介绍一下好吗？
服务员：这里交通很方便，出门就有公交车。如果你们人多，可以包一辆出租车，一天100块。
张　　明：去什么地方都行吗？
服务员：去桂林市内任何地方都可以，只需要100块，司机免费导游。我们这里还有旅行地图册，您看一下儿吧。
张　　明：去漓江怎么走比较好呢？
服务员：我们宾馆每天都有大巴车去各个景点，早上8：00出发，晚上回来，还可以代买景点门票。
张　　明：在这儿能预订飞机票吗？我们打算三天后去昆明和大理。

服务员： 当然可以。现在是旅游旺季，订飞机票的话最好提前一天。
张　明： 好。谢谢你的提醒。
服务员： 不客气。

Zhāng Míng ： Nín hǎo. Wǒ shàng zhōu yùdìngle liǎng ge fángjiān.
Fúwùyuán ： Qǐngwèn nín zěnme chēnghu?
Zhāng Míng ： Wǒ jiào Zhāng Míng.
Fúwùyuán ： Nín yùdìngle yí ge shuāngrénjiān, yí ge dānrénjiān. Qǐng xiān jiāo wǔbǎi kuài yājīn.
Zhāng Míng ： Wǒmen shì dì-yī cì lái Guìlín lǚyóu, qíngkuàng bù shú, qǐng nín jièshào yíxiàr hǎo ma?
Fúwùyuán ： Zhèli jiāotōng hěn fāngbiàn, chūmén jiù yǒu gōngjiāochē. Rúguǒ nǐmen rén duō, kěyǐ bāo yí liàng chūzūchē, yì tiān yìbǎi kuài.
Zhāng Míng ： Qù shénme dìfang dōu xíng ma?
Fúwùyuán ： Qù Guìlín Shì nèi rènhé dìfang dōu kěyǐ, zhǐ xūyào yìbǎi kuài, sījī miǎnfèi dǎoyóu. Wǒmen zhèli hái yǒu lǚxíng dìtúcè, nín kàn yíxiàr ba.
Zhāng Míng ： Qù Lí Jiāng zěnme zǒu bǐjiào hǎo ne?
Fúwùyuán ： Wǒmen bīnguǎn měi tiān dōu yǒu dàbāchē qù gègè jǐngdiǎn, zǎoshang bādiǎn chūfā, wǎnshang huílai, hái kěyǐ dài mǎi jǐngdiǎn ménpiào.
Zhāng Míng ： Zài zhèr néng yùdìng fēijīpiào ma? Wǒmen dǎsuan sān tiān hòu qù Kūnmíng hé Dàlǐ.
Fúwùyuán ： Dāngrán kěyǐ. Xiànzài shì lǚyóu wàngjì, dìng fēijīpiào dehuà zuìhǎo tíqián yì tiān.
Zhāng Míng ： Hǎo. Xièxie nǐ de tíxǐng.
Fúwùyuán ： Bú kèqi.

第十课　我想预订房间

（李知恩说）

今天我们来到山水青宾馆，上周我们在这里预订了一个双人间，一个单人间。我们是第一次来桂林旅游，对这里的情况不熟。服务员介绍说，这里交通方便，出门就有公交车。如果人多，可以包一辆出租车，去桂林市内任何地方都可以，一天只需要100块，司机免费导游。山水青宾馆每天都有大巴车去各个景点，早上8:00出发，晚上回来。宾馆还可以代买景点门票，在这儿也能预订飞机票。现在是旅游旺季，订飞机票要提前一天。我们打算三天后去昆明和大理。

(Lǐ Zhī'ēn shuō)

Jīntiān wǒmen láidào Shānshuǐqīng Bīnguǎn, shàngzhōu wǒmen zài zhèli yùdìngle yí ge shuāngrénjiān, yí ge dānrénjiān. Wǒmen shì dì-yī cì lái Guìlín lǚyóu, duì zhèli de qíngkuàng bù shú. Fúwùyuán jièshào shuō, zhèli jiāotōng fāngbiàn, chūmén jiù yǒu gōngjiāochē. Rúguǒ rén duō, kěyǐ bāo yí liàng chūzūchē, qù Guìlín Shì nèi rènhé dìfang dōu kěyǐ, yì tiān zhǐ xūyào yìbǎi kuài, sījī miǎnfèi dǎoyóu. Shānshuǐqīng Bīnguǎn měi tiān dōu yǒu dàbāchē qù gège jǐngdiǎn, zǎoshang bādiǎn chūfā, wǎnshang huílai. Bīnguǎn hái kěyǐ dài mǎi jǐngdiǎn ménpiào, zài zhèr yě néng yùdìng fēijīpiào. Xiànzài shì lǚyóu wàngjì, dìng fēijīpiào yào tíqián yì tiān. Wǒmen dǎsuan sān tiān hòu qù Kūnmíng hé Dàlǐ.

注释　Notes　주석

很多汉字音同字不同，不问清楚就不知是哪个字，所以中国人解释姓名时常要说明是哪个汉字。如"Zhāng"姓有两个汉字"张"和"章"。"张"是由"弓"和"长"两个汉字组成的，所以说"弓长张"；"章"是由"立"和"早"两个汉字组成的，所以说"立早章"。其他的如"木子李"（李）、"言午许"（许）等。

In Chinese, there are many characters with same pronunciation but different spelling and meaning. If we don't ask, we may not know which word it is. Therefore when Chinese tell others their names, they often explain which words are. For example, Zhang, as a surname, has two corresponding characters which are "张" and "章". "张" is made up with two characters, which are "弓" and "长", so we often say "弓长张"; "章" is made up with two characters, which are "立" and "早", so we say "立早章". Other examples are "木子李"（李）and "言午许"（许）, etc.

많은 한자가 음은 같으나 글자는 달라서 상세히 묻지 않으면 어느 글자인지 알 수가 없다. 그래서 중국인들이 성명을 얘기할때면 항상 그것이 어떤 한자인지 설명준다. 예를 들면 "장씨"에는 张과 章의 두 개의 한자가 있는데 张은 弓과 长 두 개의 한자로 조성된 것이고 章은 立과 早 두 개의 한자로 조성된 것이다. 그래서 立早章이라고 한다. 그밖에 木子李（李）와 言午许（许）등이 있다.

表达　Expressions　표현다루기

一、别逗了，我这汉语水平，怎么能订房间啊

"别逗了"，表示不相信，认为对方说的话不可能或不存在。例如：

"别逗了", indicates that the speaker don't believe what his partner has said, regarding it is impossible or it does not exist. e.g.

别逗了는 믿지 않음을 나타내며 상대방이 한 말이 불가능하다거나 존재하지 않는다고 여기는 것이다. 예를 들면：

(1) 让他帮我？别逗了，他哪儿有时间啊？
(2) A：我看见王老师了。
　　 B：别逗了，王老师不是出国了吗？

二、试试就试试，说错了你们可不准笑话我

"试试就试试"，格式是："A就A"，表示没关系，有容忍、无所谓或无奈的语气。例如：

"试试就试试", the structure is "A就A", expressing such tones as it doesn't matter, it can be tolerated, or one can do nothing about it. e.g.

试试就试试（시험해보면 해보는거다）의 형식은 A就A의 형식으로 ＜A 하면A 하는 것이다＞의 뜻으로 상관 없다는 것과 용인한다는 것, 관계없다거나 어쩔 수 없다는 어기다. 예를 들면：

(1) A：你敢去见他吗？
　　 B：怎么不敢？去就去。

(2) A：他老抽烟，真受不了。

B：抽就抽吧，抽了几十年了不容易戒掉。

 练习　Exercises　연습문제

一、朗读句子 / Please read aloud / 정확한 발음과 성조로 아래의 예문을 읽으시오

1. 你不想试试你的汉语水平怎么样吗？
2. 别逗了，我这汉语水平怎么能订房间啊？
3. 试试就试试，说错了你们可不准笑话我。
4. 房间里有什么设施？
5. 我预订一个双人间，一个单人间。
6. 请问您怎么称呼？
7. 去漓江怎么走比较好呢？
8. 我们打算三天后去昆明和大理。
9. 现在是旅游旺季，订飞机票的话最好提前一天。

二、回答问题 / Please answer the questions / 다음 문제에 답하시오

1. 谁打电话订房间？
2. 那个宾馆的房间一天多少钱？
3. 房间里的设施怎么样？
4. 张明他们订了几个房间？
5. 服务员介绍坐什么车去漓江比较好？
6. 宾馆还有什么服务？

三、扩展 / Accumulating / 확장연습

预订房间	预订机票	预订餐位	预订蛋糕
免费导游	免费试用	免费品尝	免费参观
代买门票	代收服务费	代办手续	代为管理

四 替换 / Substitution and extension / 변환 연습

1. 你不想试试你的汉语水平 怎么样吗?

   | 这件衣服 | 合适不合适 |
   | 这个手机 | 好用不好用 |

2. 别逗了，我这汉语水平 怎么能订房间啊?

   | 英语水平 | 当翻译 |
   | 舞蹈水平 | 参加比赛 |

3. 房间里 有 什么设施?

   | 电视里 | 节目 |
   | 冰箱里 | 饮料 |

4. 这里交通很方便，出门就有公交车。

   | 生活 | 商店 |
   | 运动 | 健身房 |

5. 我们打算 三天后 去昆明和大理。

   | 放假后 | 去国外旅行 |
   | 毕业后 | 去农村做调查 |

6. 现在是旅游旺季，订飞机票的话最好提前一天。

   | 梅雨季节 | 出门 | 带着雨伞 |
   | 上班高峰 | 外出 | 早点儿出门 |

五 情境实践 / Situation practice / 상황 연습

1. 我这汉语水平怎么能订房间啊? （进步）
2. 我说错了你们可别笑话我。 （放心）
3. 请问您怎么称呼? （弓长"张"）
4. 这儿能订飞机票吗? （提前）
5. 如果包一辆出租车的话去什么地方都行吗? （免费）

六、交际任务 / Intercommunication practice / 역할 연습

谈一谈你外出旅游时选择的交通工具。

七、补充词语 / Over the vocabulary / 보충단어

标准间　三人间　浴室　暖气　空调　免费早餐　热线电话　咨询
问询处　总服务台　接待　豪华大巴　旅游线路　旅游淡季　旅行社
退房　结账　床单　毛毯　拖鞋　遥控器　打扫　浴巾　卫生纸　洗发液
肥皂　插头　插座　请勿打扰　马桶　水龙头

第十一课 下车的时候请拿好你的东西
Lesson Eleven Please take your stuff with you when getting off the bus
제 11 과 차에서 내릴때 당신의 물건을 잘 챙기십시오

生词 NEW WORDS 새로 나온 단어

1.	必须	bìxū	(助动)	must; have to	반드시…해야한다
2.	急	jí	(形)	urgent	성급하다. 급하다
3.	赛	sài	(名)	competition; contest	겨루다. 시합하다
4.	别	bié	(副)	don't	…하지 마라
5.	成功	chénggōng	(形)	successful	성공하다
6.	奖	jiǎng	(名)	prize	상주다. 상. 당첨금
7.	鼓励	gǔlì	(动)	to encourage	격려하다
8.	遵守	zūnshǒu	(动)	to obey	준수하다
9.	交通	jiāotōng	(名)	traffic	교통
10.	规则	guīzé	(名)	rules	규칙
11.	巧	qiǎo	(形)	coincident	공교롭다
12.	敢	gǎn	(动)	dare	감히…하다
13.	拥挤	yōngjǐ	(形)	crowded	붐비다
14.	加速	jiāsù	(动)	to speed up	가속하다

第十一课　下车的时候请拿好你的东西

15.	手忙脚乱	shǒumáng-jiǎoluàn		clumsy	허둥대다(바쁘거나 다급해서)
16.	复杂	fùzá	(形)	complicated	복잡하다
17.	单行线	dānxíngxiàn	(名)	one-way lane; one-way road	일방도로
18.	线	xiàn	(名)	line	도로선
19.	行人	xíngrén	(名)	pedestrian	보행자. 행인
20.	堵车	dǔ chē		traffic jam	교통체증
21.	事故	shìgù	(名)	accident	사고
22.	条	tiáo	(量)	piece; *a measure word of long narrow piece*	길에 대한 양사
23.	指挥	zhǐhuī	(动)	to supervise; to guide	지휘하다
24.	宽	kuān	(形)	wide	넓다
25.	秩序	zhìxù	(名)	order	질서

专名	拼音	Proper Noun	고유명사
1. 北京大学	Běijīng Dàxué	Peking University	북경대학교
2. 北京电视台	Běijīng Diànshìtái	Beijing Television	북경방송국

一、下车的时候请拿好你的东西
Part One Please take your stuff with you when getting off the bus
회화 1. 차에서 내릴때 당신의 물건을 잘 챙기십시오

(朴大佑出门坐出租车)
(Park Dea-wu took a taxi outside)
(박대우가 외출하여 택시를 타다)

朴大佑： 师傅，我要去北京电视台。
师　傅： 好。你是留学生吧？汉语说得挺不错，在哪个大学学习？
朴大佑： 在北京大学。师傅，能不能麻烦您快一点儿？我10点钟必须到那儿。
师　傅： 你有急事吗？这儿离北京电视台不远。
朴大佑： 我今天要参加一个外国人说汉语的大赛，我担心迟到。
师　傅： 现在才9:30，肯定晚不了，15分钟左右我们就能到。
朴大佑： 谢谢您。我在中国第一次参加这种活动，有点儿紧张。
师　傅： 别担心，你能参加就已经很成功了，即使不得奖也没什么。
朴大佑： 谢谢您的鼓励。
师　傅： 北京电视台到了，下车的时候请拿好你的东西。

第十一课　下车的时候请拿好你的东西

Piáo Dàyòu： Shīfu, wǒ yào qù Běijīng Diànshìtái.

　　Shīfu： Hǎo. Nǐ shì liúxuéshēng ba? Hànyǔ shuō de tǐng búcuò, zài nǎ ge dàxué xuéxí?

Piáo Dàyòu： Zài Běijīng Dàxué. Shīfu, néngbunéng máfan nín kuài yìdiǎnr? Wǒ shídiǎnzhōng bìxū dào nàr.

　　Shīfu： Nǐ yǒu jíshì ma? Zhèr lí Běijīng Diànshìtái bù yuǎn.

Piáo Dàyòu： Wǒ jīntiān yào cānjiā yí ge wàiguórén shuō Hànyǔ de dàsài, wǒ dānxīn chídào.

　　Shīfu： Xiànzài cái jiǔdiǎn bàn, kěndìng wǎnbuliǎo, shíwǔ fēnzhōng zuǒyòu wǒmen jiù néng dào.

Piáo Dàyòu： Xièxie nín. Wǒ zài Zhōngguó dì-yī cì cānjiā zhè zhǒng huódòng, yǒudiǎnr jǐnzhāng.

　　Shīfu： Bié dānxīn, nǐ néng cānjiā jiù yǐjīng hěn chénggōng le, jíshǐ bù déjiǎng yě méi shénme.

Piáo Dàyòu： Xièxie nín de gǔlì.

　　Shīfu： Běijīng Diànshìtái dào le, xiàchē de shíhou qǐng náhǎo nǐ de dōngxi.

（朴大佑说）

我打了一辆出租车，要去北京电视台。司机师傅说我的汉语挺不错，还问我在哪个大学学习。他很喜欢跟我说话，可是我很着急，就问他能不能快一点儿，我10点钟必须到那儿，师傅说离北京电视台不远。我告诉他我今天要参加一个外国人说汉语大赛，很担心迟到。我在中国第一次参加这种活动，还真有点儿紧张。他说现在才9:30，肯定晚不了，15分钟左右我们就能到，我放心了。师傅鼓励我说，能参加就已经很成功了，即使不得奖也没什么。到了北京电视台，他让我下车的时候拿好我的东西。

（Piáo Dàyòu shuō）

　　Wǒ dǎle yí liàng chūzūchē, yào qù Běijīng Diànshìtái. Sījī shīfu shuō wǒ de Hànyǔ tǐng búcuò, hái wèn wǒ zài nǎ ge dàxué xuéxí. Tā hěn xǐhuan gēn wǒ shuōhuà, kěshì wǒ hěn zháojí, jiù wèn tā néngbunéng kuài yìdiǎnr, wǒ shídiǎnzhōng bìxū dào nàr, shīfu shuō zhèr lí Běijīng Diànshìtái bù yuǎn. Wǒ gàosu tā wǒ jīntiān yào cānjiā yí ge wàiguórén shuō Hànyǔ dàsài, hěn dānxīn chídào. Wǒ zài Zhōngguó dì-yī cì cānjiā zhè zhǒng huódòng, hái zhēn yǒudiǎnr jǐnzhāng. Tā shuō xiànzài cái jiǔdiǎn bàn, kěndìng wǎnbuliǎo, shíwǔ fēnzhōng zuǒyòu wǒmen jiù néng dào, wǒ fàngxīn le. Shīfu gǔlì wǒ shuō, néng cānjiā jiù yǐjīng hěn chénggōng le, jíshǐ bù déjiǎng yě méi shénme. Dàole Běijīng Diànshìtái, tā ràng wǒ xiàchē de shíhou náhǎo wǒ de dōngxi.

Èr. Měi ge rén dōu yīnggāi zūnshǒu jiāotōng guīzé

二、每个人都应该遵守交通规则

Part Two   Everybody should obey the traffic rules

회화 2. 모든 사람은 마땅히 교통규칙을 준수해야 합니다

李　林：张姐，快上车！

同　事：李林，是你呀，太巧了！（同事边说边上了车）我在这里都等了20分钟了，车还没来。

李　林：你也买车吧，还是自己有车比较方便。

同　事：买车没问题，可是我不敢开，路上车多、人多，上下班时间交通太拥挤了！

李　林：习惯了就好了，一开始我也不行，开得很慢，一会儿停车，一会儿加速，手忙脚乱的。

同　事：对我来说，交通规则太复杂了，什么单行线啊、停车线啊，我不明白。

李　林：这些倒不难，慢慢儿就熟悉了，最让人头疼的还是路上的交通情况。

同　事：说的是，有些人一着急就不遵守交通规则了。

李　林：我自己开车以后确实感到安全是最重要的，每个人都应该遵守交通规则。

第十一课　下车的时候请拿好你的东西

同　事：是啊，如果汽车、摩托车、行人各走各的路，就不会那么容易堵车，也不会出那么多的交通事故了。

李　林：我们走的这条路还不错，每天都有交通警察指挥，从家里到公司也就20分钟。

同　事：要是都像这条路一样，路又宽，交通秩序又好，那我也买车。

（李林开车去上班，路上看到同事在等公交车）
(When driving to work, Li Lin saw a colleague waiting for the bus)
(이림이 출근차 운전하던 중에 길에서 대중교통을 기다리고 있는 동료를 발견하다)

Lǐ Lín：Zhāng jiě, kuài shàng chē!

Tóngshì：Lǐ Lín, shì nǐ ya, tài qiǎo le! (tóngshì biān shuō biān shàngle chē) Wǒ zài zhèli dōu děngle èrshí fēnzhōng le, chē hái méi lái.

Lǐ Lín：Nǐ yě mǎi chē ba, háishi zìjǐ yǒu chē bǐjiào fāngbiàn.

Tóngshì：Mǎichē méi wèntí, kěshì wǒ bù gǎn kāi, lùshang chē duō, rén duō, shàng-xiàbān shíjiān jiāotōng tài yōngjǐ le!

Lǐ Lín：Xíguànle jiù hǎo le, yì kāishǐ wǒ yě bùxíng, kāi de hěn màn, yíhuìr tíngchē, yíhuìr jiāsù, shǒumáng-jiǎoluàn de.

Tóngshì：Duì wǒ láishuō, jiāotōng guīzé tài fùzá le, shénme dānxíngxiàn a, tíngchēxiàn a, wǒ bù míngbai.

Lǐ Lín : Zhèxiē dào bù nán, mànmānr jiù shúxī le, zuì ràng rén tóuténg de háishi lùshang de jiāotōng qíngkuàng.

Tóngshì : Shuō de shì, yǒuxiē rén yì zháojí jiù bù zūnshǒu jiāotōng guīzé le.

Lǐ Lín : Wǒ zìjǐ kāichē yǐhòu quèshí gǎndào ānquán shì zuì zhòngyào de, měi ge rén dōu yīnggāi zūnshǒu jiāotōng guīzé.

Tóngshì : Shì a, rúguǒ qìchē, mótuōchē, xíngrén gè zǒu gè de lù, jiù bú huì nàme róngyì dǔchē, yě bú huì chū nàme duō de jiāotōng shìgù le.

Lǐ Lín : Wǒmen zǒu de zhè tiáo lù hái búcuò, měi tiān dōu yǒu jiāotōng jǐngchá zhǐhuī, cóng jiāli dào gōngsī yě jiù èrshí fēnzhōng.

Tóngshì : Yàoshi dōu xiàng zhè tiáo lù yíyàng, lù yòu kuān, jiāotōng zhìxù yòu hǎo, nà wǒ yě mǎichē.

（李林说）

自己有车确实比较方便，但是一开始我也不敢开，路上车多、人多，上下班时间交通拥挤，我一会儿停车，一会儿加速，手忙脚乱，开得很慢。其实这倒不难，习惯了也就好了，最让人头疼的还是路上的交通情况，有些人一着急就不遵守交通规则了。我自己开车以后确实感到安全是最重要的，每个人都应该遵守交通规则。如果汽车、摩托车、行人各走各的路，就不会那么容易堵车，也不会出那么多的交通事故了。我上班走的这条路还不错，每天都有交通警察指挥，路又宽，交通秩序又好，从家里到公司也就20分钟。

（Lǐ Lín shuō）

Zìjǐ yǒu chē quèshí bǐjiào fāngbiàn, dànshì yì kāishǐ wǒ yě bù gǎn kāi, lùshang chē duō, rén duō, shàng-xiàbān shíjiān jiāotōng yōngjǐ, wǒ yíhuìr tíngchē, yíhuìr jiāsù, shǒumáng-jiǎoluàn, kāi de hěn màn. Qíshí zhè dào bù nán, xíguànle yě jiù hǎo le, zuì ràng rén tóuténg de háishi lùshang de jiāotōng qíngkuàng, yǒuxiē rén yì zháojí jiù bù zūnshǒu jiāotōng guīzé le. Wǒ zìjǐ kāichē yǐhòu quèshí gǎndào ānquán shì zuì zhòngyào de, měi ge rén dōu yīnggāi zūnshǒu jiāotōng guīzé. Rúguǒ

第十一课　下车的时候请拿好你的东西

qìchē, mótuōchē, xíngrén gè zǒu gè de lù, jiù bú huì nàme róngyì dǔchē, yě bú huì chū nàme duō de jiāotōng shìgù le. Wǒ shàngbān zǒu de zhè tiáo lù hái búcuò, měi tiān dōu yǒu jiāotōng jǐngchá zhǐhuī, lù yòu kuān, jiāotōng zhìxù yòu hǎo, cóng jiālǐ dào gōngsī yě jiù èrshí fēnzhōng.

　　注释　Notes　주석

一、我在这里都等了20分钟了，车还没来

"都"表示"已经"。例如：
"都" means "已经". e.g.
都는 已经(이미, 벌써)을 나타낸다. 예를 들면:
(1) 饭都凉了，快吃吧。
(2) 都10点了，小妹怎么还没回来？
(3) 都到春天了，还这么冷。

二、这些倒不难

"倒"在这里表示让步，也说"倒是"。例如：
"倒"means concession and you can also say"倒是". e.g.
倒 는 여기서 양보를 나타낸다. 倒是라고도 한다. 예를 들면:
(1) 让我去倒可以，但是我得坐火车，不喜欢坐飞机。
(2) 难倒不难，只是比较麻烦。
(3) 认识倒认识，可是不太熟悉。

三、要是都像这条路一样，路又宽，交通秩序又好，那我也买车

"要是"的意思是如果，如果是。也说"要是……的话"，常跟"那么、就"等一起用。例如：
"要是"means if, and you can also say"要是……的话". This phrase is often used before"那么、就". e.g.
要是는 如果(만약에…한다면)의 뜻이며 要是…的话라고도 말하며 늘상 "那么，就"(그러면, 곧)등과 같이 사용한다. 예를 들면:

(1) 要是他知道了，一定不让我们去。

(2) 你要是愿意的话，就来我们学校学习吧。

 表达　Expressions　표현다루기

一、能参加就已经很成功了，即使不得奖也没什么

"没什么"，表示没关系，不是什么大事。例如：

"没什么", means it doesn't matter and it's nothing serious. e.g.

没什么는　没关系(상관없다)를 나타내며 뭐 그리 대단한 일이 아니라는 것을　나타낸다. 예를　들면:

(1) A：太麻烦您了。

B：没什么。

(2) 要主动说汉语，说错了也没什么。

二、习惯了就好了

"好了"表示某事按照某一方法做就可以了。例如：

"好了"means it will be OK if you follow the steps to do something. e.g.

好了는 어떤 일을 어떤 방법에 의해 처리하기만 하면 된다는 것을 표시한다. 예를　들면:

(1) 你放心好了。

(2) 要是老师在这儿就好了。

(3) 下场雪就好了。

三、李林：最让人头疼的还是路上的交通情况
　　同事：说的是，有些人一着急就不遵守交通规则了

"说的是"，表示同意对方所说的。例如：

"说的是", means you agree with one's words. e.g.

说的是는 상대방의 말한 바에 맞장구를 치며 동의 한다는 것을 표시한다. 예를　들면:

(1) A：要是有一辆车就方便了。

B：说的是。

(2) A：天天吃方便面谁受得了？

B：说的是，是应该换换口味了。

第十一课　下车的时候请拿好你的东西

 **练习　Exercises　연습문제**

一、朗读句子／Please read aloud／정확한 발음과 성조로 아래의 예문을 읽으시오

1. 师傅，能不能麻烦您快一点儿？我10点钟必须到那儿。
2. 我今天要参加一个外国人说汉语的大赛，我担心迟到。
3. 现在才9：30，肯定晚不了，15分钟左右我们就能到。
4. 我在这里都等了20分钟了，车还没来。
5. 一开始我也不行，开得很慢，一会儿停车，一会儿加速，手忙脚乱的。
6. 这些倒不难，慢慢儿就熟悉了，最让人头疼的还是路上的交通情况。
7. 说的是，有些人一着急就不遵守交通规则了。
8. 要是都像这条路一样，路又宽，交通秩序又好，那我也买车。

二、回答问题／Please answer the questions／다음 문제에 답하시오

1. 朴大佑今天去做什么？
2. 朴大佑为什么有点儿紧张？
3. 司机师傅是怎么鼓励朴大佑的？
4. 张姐为什么不敢开车？
5. 李林开车时最头疼的是什么？

三、扩展／Accumulating／확장연습

电视台　电视节目　有线电视　电视频道　电视大奖赛
千万别迟到　千万别忘了　千万别客气　千万别后悔
太巧了　真巧　不巧　巧极了　巧遇　巧合
交通规则　比赛规则　下棋规则　遵守规则
交通事故　交通警察　交通状况　交通要道　交通信号

四、替换／Substitution and extension／변환 연습

1. 能不能麻烦您<u>快一点儿</u>？

> 再说一遍
> 给我仔细说说

2. 我第一次<u>参加这种活动</u>，有点儿紧张。

> 吃中国菜　　不习惯
> 参加演出　　兴奋

3. <u>下车</u>的时候　请<u>拿好你的东西</u>。

> 出去　　　　关好门窗
> 交作业　　　写上你的名字

4. <u>买车</u>没问题，可是<u>我不敢开</u>。

> 买电脑　　我不会用
> 买吉他　　我不会弹

5. 对我来说，<u>交通规则</u>太<u>复杂</u>了。

> 做中国菜　　麻烦
> 打工　　　　辛苦

五、情境实践 / Situation practice / 상황 연습

1. 朴大佑坐车的时候为什么很着急？　　　　　　　　　（必须）
2. 司机师傅鼓励朴大佑的时候说了什么？　　　　　　　（即使）
3. 张姐为什么不买车？　　　　　　　　　　　　　　　（复杂）
4. 李林刚开始开车时感觉怎么样？　　　　　　　　　　（手忙脚乱）
5. 李林说开车的时候什么最重要？　　　　　　　　　　（规则）
6. 张姐说什么时候会买车？　　　　　　　　　　　　　（秩序）

六、交际任务 / Intercommunication practice / 역할 연습

1. 谈谈你参加一次比赛的情况。
2. 谈谈你们国家的交通状况。

七、补充词语 / Over the vocabulary / 보충 단어

才艺表演　　演讲比赛　　小品比赛　　超级女生大赛
堵车　　　　绕道　　　　高峰时间　　交通繁忙　　交通秩序
得奖　　　　获奖　　　　一等奖　　　落选　　　　名落孙山　　榜上有名
沉着冷静　　慌里慌张　　眼高手低　　眼疾手快　　手足无措

第十二课 我刚收到姐姐从法国寄来的包裹

Dì-shí'èr kè Wǒ gāng shōudào jiějie cóng Fǎguó jìlái de bāoguǒ

Lesson Twelve I have just received the parcel my sister sent to me from France

제 12 과 저는 언니가 프랑스에서 보낸 소포를 이제 막 받았습니다

生词 NEW WORDS 새로 나온 단어

#	汉字	拼音	词性	English	한국어
1.	收	shōu	(动)	to receive	받다
2.	距离	jùlí	(名)	distance	거리
3.	方式	fāngshì	(名)	way; means	방식
4.	安装	ānzhuāng	(动)	to install	설치하다
5.	摄像头	shèxiàngtóu	(名)	computer camera	카메라
6.	电话卡	diànhuàkǎ	(名)	telephone card	전화카드
7.	国际	guójì	(名)	international	국제
8.	长途	chángtú	(名)	long distance	장거리
9.	花费	huāfèi	(名)	expense	쓰다. 들이다. 소모하다
10.	温馨	wēnxīn	(形)	soft and sweet	온화하고 향기롭다
11.	所谓	suǒwèi	(形)	so-called	이른바, …라는 것은
12.	贴	tiē	(动)	to paste	붙이다
13.	草原	cǎoyuán	(名)	plain	초원
14.	问候	wènhòu	(动)	to greet	문안드리다
15.	邮箱	yóuxiāng	(名)	email address	우체통. 편지함

16.	告诉	gàosu	（动）	to tell	알리다. 말하다
17.	份	fèn	（量）	copy	몫，세트
18.	资料	zīliào	（名）	material	자료
19.	记	jì	（动）	to write down	기록하다
20.	后边	hòubian	（名）	the end of	뒤 쪽
21.	原来	yuánlái	（副）	originally	원래
22.	发财	fā cái		to make a good fortune	돈을 벌다. 부자가 되다
23.	老板	lǎobǎn	（名）	boss	사장. 기업주
24.	保证	bǎozhèng	（动）	to promise	보증하다
25.	完成	wánchéng	（动）	to finish	완성하다

专名	拼音	Proper Noun	고유명사
1. 圣诞节	Shèngdàn Jié	Christmas	성탄절
2. 内蒙古	Nèiměnggǔ	Inner Mongolia	내몽고

Yī． Wǒ gāng shōudào jiějie cóng Fǎguó jìlái de bāoguǒ
一、我刚收到姐姐从法国寄来的包裹
Part One I have just received the parcel my sister sent to me from France
회화 1. 저는 언니가 프랑스에서 보낸 소포를 이제 막 받았습니다

朴大佑：知恩，怎么这么高兴啊？
李知恩：我刚收到姐姐从法国寄来的包裹。虽然离得这么远，但是我并没觉得有距离。
朴大佑：现在的联系方式太丰富了。打电话太贵，可以发短信，发电子邮件。

第十二课　我刚收到姐姐从法国寄来的包裹

李知恩：姐姐安装了摄像头，我们可以视频聊天。
朴大佑：还可以在网上打免费电话，我试过，声音效果还可以。
李知恩：用电话卡也很方便，不过在中国打国际长途太贵了，从法国打过来比较便宜。
朴大佑：不管怎么说，电话费都是一笔不小的花费。
李知恩：是啊。其实我觉得还是手写的信最温馨，所谓"见字如面"。
朴大佑：可惜用笔写信的人越来越少了。我自己就好久没写过信了。
李知恩：圣诞节前给家里寄封信吧，贴上漂亮的邮票。
朴大佑：你说得对。我也要让妈妈幸福得睡不着觉。

(李知恩收到了姐姐寄来的邮包)
(Lee Ji-en received the parcel her sister sent to her)
(이지은이 언니가 보내온 우편물을 받다)

Piáo Dàyòu : Zhī'ēn, zěnme zhème gāoxìng a?
Lǐ Zhī'ēn : Wǒ gāng shōudào jiějie cóng Fǎguó jìlái de bāoguǒ. Suīrán lí de zhème yuǎn, dànshì wǒ bìng méi juéde yǒu jùlí.
Piáo Dàyòu : Xiànzài de liánxì fāngshì tài fēngfù le. Dǎ diànhuà tài guì, kěyǐ fā duǎnxìn, fā diànzǐ yóujiàn.
Lǐ Zhī'ēn : Jiějie ānzhuāngle shèxiàngtóu, wǒmen kěyǐ shìpín liáo tiān.
Piáo Dàyòu : Hái kěyǐ zài wǎngshang dǎ miǎnfèi diànhuà, wǒ shìguo, shēngyīn xiàoguǒ hái kěyǐ.

Lǐ Zhī'ēn: Yòng diànhuàkǎ yě hěn fāngbiàn, búguò zài Zhōngguó dǎ guójì chángtú tài guì le, cóng Fǎguó dǎ guolai bǐjiào piányi.

Piáo Dàyòu: Bùguǎn zěnme shuō, diànhuàfèi dōu shì yì bǐ bù xiǎo de huāfèi.

Lǐ Zhī'ēn: Shì a. Qíshí wǒ juéde háishi shǒuxiě de xìn zuì wēnxīn, suǒwèi "jiàn zì rú miàn".

Piáo Dàyòu: Kěxī yòng bǐ xiěxìn de rén yuèláiyuè shǎo le. Wǒ zìjǐ jiù hǎojiǔ méi xiěguo xìn le.

Lǐ Zhī'ēn: Shèngdàn Jié qián gěi jiāli jì fēng xìn ba, tiē shang piàoliang de yóupiào.

Piáo Dàyòu: Nǐ shuō de duì. Wǒ yě yào ràng māma xìngfú de shuì bu zháo jiào.

(李知恩说)
今天我收到了姐姐从法国寄来的邮包,非常高兴。虽然离得这么远,但是因为我们常联系,所以我并不觉得跟姐姐有距离。我们可以打电话、发电子邮件,姐姐还安装了摄像头,我们经常视频聊天。我没试过网上的免费电话,听说声音效果还可以。虽然有各种各样的联系方式,但我还是觉得写信最温馨。收到一封手写的信会觉得很亲切。

(Lǐ Zhī'ēn shuō)
Jīntiān wǒ shōudàole jiějie cóng Fǎguó jìlái de yóubāo, fēicháng gāoxìng. Suīrán lí de zhème yuǎn, dànshì yīnwèi wǒmen cháng liánxì, suǒyǐ wǒ bìng bù juéde gēn jiějie yǒu jùlí. Wǒmen kěyǐ dǎ diànhuà, fā diànzǐ yóujiàn, jiějie hái ānzhuāngle shèxiàngtóu, wǒmen jīngcháng shìpín liáotiān. Wǒ méi shìguo wǎngshang de miǎnfèi diànhuà, tīngshuō shēngyīn xiàoguǒ hái kěyǐ. Suīrán yǒu gè zhǒng gè yàng de liánxì fāngshì, dàn wǒ háishi juéde xiěxìn zuì wēnxīn. Shōudào yì fēng shǒu xiě de xìn huì juéde hěn qīnqiè.

第十二课　我刚收到姐姐从法国寄来的包裹

Èr. Nǐ bù zhīdào Nèiměnggǔ cǎoyuán de fēngjǐng yǒu duō hǎo
二、你不知道内蒙古草原的风景有多好

Part Two You don't know how great the meadow scenery of Inner Mongolia is

회화 2. 당신은 내몽고초원의 풍경이 얼마나 아름다운지 모릅니다

(在王玲的办公室，王玲正给李林打电话)
(Wang Ling is calling Li Lin in her office)
(왕령의 사무실에서 왕령이 이림에게 전화를 하고 있다)

王　玲：李林，出差半个月了，辛苦了。

李　林：谢谢问候。我在这里过得很好，比在家舒服。

王　玲：把你的新邮箱告诉我一下儿，我给你发一份资料。

李　林：好。你记一下：lilin9898@yahoo.com.cn。

王　玲：我记下来了，名字后边为什么还要加上"9898"呀？

李　林："9898"就是"就发就发"嘛。

王　玲：我说你怎么选"9898"，原来是老想发财呀，还是好好儿工作吧。

李　林：是，老板，保证完成任务！

王　玲：叫谁老板呀？哎，你为什么说在那儿比在家舒服呢？

李　林：你不知道内蒙古草原的风景有多好！

王　玲：那你给我们发些照片吧。

李　林：没问题。你看了就会知道为什么我都不想回去了。

Wáng Líng : Lǐ Lín, chūchāi bàn ge yuè le, xīnkǔ le.
Lǐ Lín : Xièxie wènhòu. Wǒ zài zhèli guò de hěn hǎo, bǐ zài jiā shūfu.
Wáng Líng : Bǎ nǐ de xīn yóuxiāng gàosu wǒ yíxiàr, wǒ gěi nǐ fā yí fèn zīliào.
Lǐ Lín : Hǎo. Nǐ jì yíxiàr: lilin9898@yahoo.com.cn.
Wáng Líng : Wǒ jì xialai le, míngzi hòubian wèi shénme hái yào jiāshang "jiǔ bā jiǔ bā" ya?
Lǐ Lín : "jiǔ bā jiǔ bā" jiùshì "jiù fā jiù fā" ma.
Wáng Líng : Wǒ shuō nǐ zěnme xuǎn "jiǔ bā jiǔ bā", yuánlái shì lǎo xiǎng fācái ya, háishi hǎohāor gōngzuò ba.
Lǐ Lín : Shì, lǎobǎn, bǎozhèng wánchéng rènwù!
Wáng Líng : Jiào shéi lǎobǎn ya? Āi, nǐ wèi shénme shuō zài nàr bǐ zài jiā shūfu ne?
Lǐ Lín : Nǐ bù zhīdào Nèiměnggǔ cǎoyuán de fēngjǐng yǒu duō hǎo!
Wáng Líng : Nà nǐ gěi wǒmen fā xiē zhàopiàn ba.
Lǐ Lín : Méi wèntí. Nǐ kànle jiù huì zhīdao wèi shénme wǒ dōu bù xiǎng huíqu le.

（李林说）
我出差到内蒙古已经半个月了，虽然想家，可是真的不想回家，大草原的风景太棒了！什么时候我们公司到这里开一个分公司就好了。王玲给我发来了一份资料，我得上网看一下。他们要是看了我拍的照片，下一次出差的机会就不是我的了。

（Lǐ Lín shuō）
Wǒ chūchāi dào Nèiměnggǔ yǐjīng bàn ge yuè le, suīrán xiǎng jiā, kěshì zhēnde bù xiǎng huíjiā, dà cǎoyuán de fēngjǐng tài bàng le! Shénme shíhou wǒmen gōngsī dào zhèli kāi yí ge fēn gōngsī jiù hǎo le. Wáng Líng gěi wǒ fālaile yí fèn zīliào, wǒ děi shàngwǎng kàn yíxiàr. Tāmen yàoshi kànle wǒ pāi de zhàopiàn, xià yí cì chūchāi de jīhuì jiù bú shì wǒ de le.

第十二课　我刚收到姐姐从法国寄来的包裹

 注释　Notes　주석

所谓"见字如面"

"见字如面"是中国传统的写信用的套语之一，意思是看见我写的字就像看见我一样。

"见字如面" is one of the polite formula in traditional Chinese letter writing, meaning that seeing the words I have written is just like seeing me.

견자여면은 중국에서 전통적으로 서신용으로 쓰는 상투어(틀에 박힌 말)의 하나다. 의미인즉 이 편지를 보거든 곧 나를 보는 것처럼 여겨달라는 뜻이다.

 表达　Expressions　표현다루기

一、不管怎么说，电话费都是一笔不小的花费

"不管怎么说"，表示在任何情况下，结果或结论都不会改变。例如：

"不管怎么说" means the result or conclusion will not change under any circumstance. e.g.

불관즘마설는 어떠한 상황에서도 그 결과나 결론은 바뀌지 않는다는 것을 표시한다. 예를 들면：

(1) 不管怎么说，你今天一定要来。
(2) 不管怎么说，他都是你的孩子，怎么能不管呢？
(3) 不管怎么说，我也不同意你跟他结婚。

二、出差半个月了，辛苦了

"辛苦了"表示慰问和感谢。例如：

"辛苦了" is to express thanks and concerns. e.g.

신고료는 위로와 감사를 표시한다. 예를 들면：

(1) 老师辛苦了。
(2) 忙了一天，辛苦你们了！

三、我说你怎么选"9898"，原来是老想发财呀

"我说……，原来……"，表示原来对某种情况感到奇怪，现在找到了原因。

例如：

"我说……，原来……" expresses that one feels puzzled about an issue and has found out reason just now. e.g.

我说…原来…는 원래는 모종의 정황에 대하여 의문을 품었으나 현재는 그 원인을 찾았다는 것을 표시한다. 예를 들면：

(1) 我说这几天没见到他，原来他回国了。

(2) 我说最近他那么高兴，原来找到女朋友了。

四、王玲：那你给我们发些照片吧
李林：没问题

"没问题"在这里表示很痛快地答应别人的要求或请求，也表示没有困难。例如：

"没问题" here means accepting other people's requests without hesitation and something can be done without any difficulties. e.g.

没问题는 여기에서는 매우 시원시원하게 상대방의 요구나 바람에 대답함을 표시하며, 또한 문제나 곤란이 없다는 것을 표시하기도 한다. 예를 들면：

(1) A：请你帮我修一下自行车，好吗？
　　B：没问题。

(2) A：你一个人去行吗？
　　B：没问题。我能自己去。

练习　Exercises　연습문제

一、朗读句子 / Please read aloud / 정확한 발음과 성조로 아래의 예문을 읽으시오

1. 怎么这么高兴啊？
2. 现在的联系方式太丰富了。
3. 还可以在网上打免费电话，我试过，声音效果还可以。
4. 用电话卡也很方便，不过在中国打国际长途还是太贵了，从法国打过来比较便宜。
5. 不管怎么说，电话费都是一笔不小的花费。
6. 圣诞节前给家里寄封信吧，贴上漂亮的邮票。
7. 我也要让妈妈幸福得睡不着觉。

8. 李林，出差半个月了，辛苦了。
9. 谢谢问候。
10. "9898"就是"就发就发"嘛。
11. 我说你怎么选"9898"，原来是老想发财呀，还是好好儿工作吧。
12. 是，老板，保证完成任务！
13. 叫谁老板呀？
14. 你不知道内蒙古草原的风景有多好！
15. 你看了就会知道为什么我都不想回去了。

二 回答问题 / Please answer the questions / 다음 문제에 답하시오

1. 李知恩为什么那么高兴？
2. 现在的联系方式都有哪些？
3. 手写的信有什么不同？
4. 李林出差过得好吗？
5. 李林的邮箱有什么特别的意思吗？
6. 李林为什么说他不想回家了？

三 扩展 / Accumulating / 확장연습

收　收拾　收信　丰收　收获
方式　　生活方式　　交流方式　　付款方式
电话卡　　乘车卡　　优惠卡　　会员卡
国际　　国内　　国外　　国内外　　海内外　　海外
长途　　短途　　　长途车　　　　长途电话
份　一份礼物　　一份报告　　一份快餐　　一份爱心
记　　记录　　记忆　　记住　　记下　　记得

四 替换扩展 / Substitution and extension / 변환연습

1. 我刚收到姐姐从 <u>法国</u> 寄来的 <u>包裹</u>。

| 韩国 | 化妆品 |
| 美国 | 信 |

2. 现在的 联系 方式太丰富了。　　　　　　　　　　　　| 交流 学习 |

3. 姐姐 安装了 摄像头。　　　　　　　　　　　　　　| 有线电视 空调 |

4. 声音 效果还可以。　　　　　　　　　　　　　　　　| 色彩 治疗 |

5. 用 电话卡 也很方便。　　　　　　　　　　　　　　| 信用卡 天然气 |

6. 不管怎么说，电话费 都是一笔不小的花费。　　　　| 水电费 住宿费 |

7. 其实我觉得还是 手写的信 最 温馨。　　　　　　　| 见面　亲切 / 打电话　方便 |

8. 贴上 漂亮的 邮票。　　　　　　　　　　　　　　　| 自己画的　画儿 / 美丽的　花边儿 |

9. 把你的新 邮箱 告诉我一下儿。　　　　　　　　　　| 地址 电话号码 |

10. 你不知道 内蒙古草原 的风景有多好！　　　　　　| 云南 西藏 |

五 情境实践 / Situation practice / 상황 연습

1. 离得这么远，觉得有距离吗？　　　　　　　　　　（虽然……但是……）
2. 打长途电话太贵，还可以通过什么方式联系？　　　（如果说）
3. "见字如面"是什么意思？　　　　　　　　　　　　（所谓）
4. 你太高兴了会睡不着觉吗？　　　　　　　（得　睡不着觉）
5. 你在这里生活怎么样？　　　　　　　　　　　　　（过得）
6. 为什么李林选"9898"放在名字后面？　　　　　　　（原来）

六 交际任务 / Intercommunication practice / 역할 연습

1. 谈谈不同国家不同民族过去和现在不同的交流方式。
2. 同学之间交换电子邮箱地址，互相发一封电子邮件。

七 补充词语 / Over the vocabulary / 보충단어

168——一路发　888——发发发　1818——要发要发
电信局　电力局　城建局　环卫局　环保局　司法局　公安局
财政局　税务局　水利局　煤管局
高山　高原　平原　丘陵　山脉　盆地　荒漠　沙漠　沼泽　湿地
山谷　峡谷　瀑布　悬崖　峭壁　火山　大陆　海洋

第十三课　怎么办理登机手续呢?
Lesson Thirteen　How to deal with boarding procedures?
제 13 과　탑승수속을 어떻게 처리하지요?

Dì-shísān kè　Zěnme bànlǐ dēngjī shǒuxù ne?

生词　NEW WORDS　새로 나온 단어

1.	登机	dēng jī		to flight	비행기에 탑승하다
2.	航班	hángbān	（名）	flight	비행기의 운항회차. 운항표
3.	登机卡	dēngjīkǎ	（名）	boarding pass	탑승표
4.	托运	tuōyùn	（动）	to consign for shipment	운송을 위탁하다
5.	保险	bǎoxiǎn	（名）	insurance	보험
6.	候机区	hòujīqū	（名）	waiting area	공항대합실
7.	等候	děnghòu	（动）	to wait	기다리다
8.	超重	chāo zhòng		to be overweight; to be overload	제한 중량을 초과하다
9.	姐夫	jiěfu	（名）	brother-in-law	형부. 매형
10.	度	dù	（动）	to spend a period of time	휴가등을 보내다
11.	蜜月	mìyuè	（名）	honeymoon	신혼여행
12.	接	jiē	（动）	to meet sb.	마중하다
13.	犹豫	yóuyù	（形）	hesitate; irresolute	주저하다. 망설이다
14.	耽误	dānwu	（动）	to delay	지체하다. 그르치다

第十三课　怎么办理登机手续呢？

15.	卧铺票	wòpùpiào	（名）	berth ticket	침대표
16.	软卧	ruǎnwò	（名）	soft sleeper	부드러운 침대
17.	合算	hésuàn	（形）	worthwhile	함께 계산하다
18.	直达	zhídá	（形）	direct flight; non-stop flight	직행하다
19.	转机	zhuǎn jī		to change airplane; to transfer	비행기를 갈아 타다
20.	架	jià	（数）	*a measure word*	양사, 대
21.	节省	jiéshěng	（动）	to save	절약하다
22.	往返	wǎngfǎn	（动）	to go/travel to and fro	왕복하다

一、怎么办理登机手续呢？
Yī. Zěnme bànlǐ dēngjī shǒuxù ne?

Part One　How to deal with boarding procedures?

회화 1. 탑승수속을 어떻게 처리하지요？

张　明：知恩，今天你要乘坐的是哪个航班？

李知恩：我看一下儿机票，是KR537，13：05起飞。

张　明：还有一个小时。怎么办理登机手续呢？

李知恩：换登机卡时托运行李，然后再买保险。

张　明：出海关的时候要安检吧？

李知恩：对，要检查护照和机票，最后就可以到指定候机区等候了。

张　明：现在我先帮你托运行李吧！

李知恩：行。

张　明：你的包挺重的，有30多公斤吧？会不会超重？

李知恩：是给姐姐买的结婚礼物，超重就超重吧，多交点儿钱，没事儿。

张　明：你大概什么时候回来？

李知恩：我想下周末回来，说不定姐姐和姐夫会来中国度蜜月呢！

张　明：那让他们跟你一起来吧，到时候我来接你们！

(李知恩回国参加姐姐的婚礼，张明去机场送行)
(Lee Ji-en will go back to her country for her sister's wedding and Zhang Ming goes to the airport to see her off)
(이지은이 언니의 결혼식에 참가차 귀국하는데 장명이 공항에 가서 배웅하다)

Zhāng Míng : Zhī'ēn, jīntiān nǐ yào chéngzuò de shì nǎ ge hángbān?

Lǐ Zhī'ēn : Wǒ kàn yíxiàr jīpiào, shì KR wǔ-sān-qī, shísān diǎn líng wǔ fēn qǐfēi.

Zhāng Míng : Háiyǒu yí ge xiǎoshí. Zěnme bànlǐ dēngjī shǒuxù ne?

Lǐ Zhī'ēn : Huàn dēngjīkǎ shí tuōyùn xíngli, ránhòu zài mǎi bǎoxiǎn.

Zhāng Míng : Chū hǎiguān de shíhou yào ānjiǎn ba?

Lǐ Zhī'ēn : Duì, yào jiǎnchá hùzhào hé jīpiào, zuìhòu jiù kěyǐ dào zhǐdìng hòujīqū děnghòu le.

Zhāng Míng : Xiànzài wǒ xiān bāng nǐ tuōyùn xíngli ba!

Lǐ Zhī'ēn : Xíng.

Zhāng Míng : Nǐ de bāo tǐng zhòng de, yǒu sānshí duō gōngjīn ba? Huìbuhuì chāozhòng?

Lǐ Zhī'ēn : Shì gěi jiějie mǎi de jiéhūn lǐwù, chāozhòng jiù chāozhòng ba, duō jiāodiǎnr qián, méishìr.

Zhāng Míng : Nǐ dàgài shénme shíhou huílai?

Lǐ Zhī'ēn : Wǒ xiǎng xià zhōumò huílai, shuōbudìng jiějie hé jiěfu huì lái Zhōngguó dù mìyuè ne!

第十三课　怎么办理登机手续呢？

Zhāng Míng： Nà ràng tāmen gēn nǐ yìqǐ lái ba, dào shíhou wǒ lái jiē nǐmen!

（李知恩说）

今天我坐飞机回国，飞机13:05起飞。我要办理登机手续：换登机卡时托运行李，然后买保险。出海关的时候要检查护照和机票，最后就可以到候机区等候了。我想下周末回来，说不定姐姐和姐夫也会来中国度蜜月呢！

（Lǐ Zhī'ēn shuō）

Jīntiān wǒ zuò fēijī huí guó, fēijī shísān diǎn líng wǔ fēn qǐfēi. Wǒ yào bànlǐ dēng jī shǒuxù: huàn dēngjīkǎ shí tuōyùn xíngli, ránhòu mǎi bǎoxiǎn. Chū hǎiguān de shíhou yào jiǎnchá hùzhào hé jīpiào, zuìhòu jiù kěyǐ dào hòujīqū děnghòu le. Wǒ xiǎng xià zhōumò huílai, shuōbudìng jiějie hé jiěfu yě huì lái Zhōngguó dù mìyuè ne!

Èr、Bié yóuyù le, jiù zhème dìng le
二、别犹豫了，就这么定了
Part Two Don't hesitate and it's a deal
회화 2. 망설이지 마세요. 그냥 이렇게 결정해요

王　玲：我们还是坐火车吧，火车票比飞机票便宜不少呢！

丈　夫：坐火车要40多个小时，你不觉得太耽误时间了吗？再说坐火车多累呀！

王　玲：买卧铺票不行吗？

丈　夫：软卧票的价格不比飞机票便宜多少，不合算，硬卧又睡不好，如果到了昆明很累，以后几天怎么玩儿啊？

王　玲：坐飞机也没有直达的，还要在长沙转机，是不是太麻烦了？

丈　夫：也不麻烦。转机的时候行李不用取，下飞机后在候机区等一个多小时，然后换另一架飞机就行了。

王　玲：坐飞机确实节省不少时间，也不累，就是太贵。要不，我们去的时候坐飞机，回来的时候坐火车。

丈　夫： 太麻烦了！我们就买往返机票，现在往返机票打折，比平时便宜20%呢！

王　玲： 听起来不错，可是……

丈　夫： 别再犹豫了，就这么定了！

（王玲跟丈夫去云南旅行，谈论交通工具）
(Wang Ling and her husband will go traveling in Yunnan and now they're talking about transportation means)
(왕령과 남편이 운남으로 여행을 가는데, 교통편에 대해 얘기하다)

Wáng Líng： Wǒmen háishi zuò huǒchē ba, huǒchēpiào bǐ fēijīpiào piányi bù shǎo ne!

Zhàngfu： Zuò huǒchē yào sìshí duō ge xiǎoshí, nǐ bù juéde tài dānwu shíjiān le ma? Zàishuō zuò huǒchē duō lèi ya!

Wáng Líng： Mǎi wòpùpiào bùxíng ma?

Zhàngfu： Ruǎnwòpiào de jiàgé bù bǐ fēijīpiào piányi duōshǎo, bù hésuàn, yìngwò yòu shuì bu hǎo, rúguǒ dàole Kūnmíng hěn lèi, yǐhòu jǐ tiān zěnme wánr a?

Wáng Líng： Zuò fēijī yě méiyǒu zhídá de, hái yào zài Chángshā zhuǎn jī, shìbushì tài máfan le?

Zhàngfu： Yě bù máfan. Zhuǎnjī de shíhou xíngli búyòng qǔ, xià fēijī hòu zài hòujīqū děng yí ge duō xiǎoshí, ránhòu huàn lìng yí jià fēijī jiù xíng le.

第十三课　怎么办理登机手续呢？

Wáng Líng： Zuò fēijī quèshí jiéshěng bù shǎo shíjiān, yě bú lèi, jiùshì tài guì. Yàobù, wǒmen qù de shíhou zuò fēijī, huílái de shíhou zuò huǒchē.

Zhàngfu： Tài máfan le! Wǒmen jiù mǎi wǎngfǎn jīpiào, xiànzài wǎngfǎn jīpiào dǎzhé, bǐ píngshí piányi bǎifēnzhī èrshí ne!

Wáng Líng： Tīng qilai búcuò, kěshì ……

Zhàngfu： Bié zài yóuyù le, jiù zhème dìng le!

（王玲说）

我和丈夫要去云南旅行，我打算坐火车去，火车票比飞机票便宜不少呢！可丈夫说坐火车要40多个小时，太耽误时间了，而且软卧票的价格不比飞机票便宜多少，硬卧又睡不好，如果到了昆明很累，以后几天就不能玩儿了。我觉得坐飞机确实节省不少时间，也不累，就是太贵。丈夫说现在往返机票打折，比平时便宜20%。

（Wáng Líng shuō）

Wǒ hé zhàngfu yào qù Yúnnán lǚxíng, wǒ dǎsuàn zuò huǒchē qù, huǒchēpiào bǐ fēijīpiào piányi bù shǎo ne! Kě zhàngfu shuō zuò huǒchē yào sìshí duō ge xiǎoshí, tài dānwu shíjiān le, érqiě ruǎnwòpiào de jiàgé bù bǐ fēijīpiào piányi duōshǎo, yìngwò yòu shuì bu hǎo, rúguǒ dàole Kūnmíng hěn lèi, yǐhòu jǐ tiān jiù bù néng wánr le. Wǒ juéde zuò fēijī quèshí jiéshěng bù shǎo shíjiān, yě bù lèi, jiùshì tài guì. Zhàngfu shuō xiànzài wǎngfǎn jīpiào dǎzhé, bǐ píngshí piányi bǎifēnzhī èrshí.

表达　Expressions　표현다루기

一、软卧票的价格不比飞机票便宜多少

"A 不比 B+ 多少"，表示 A 和 B 两者差不多。例如：
"A不比B+多少", means A and B are very similar. e.g.
A 不比 B +多少는 양자간에 별 차이가 없다는 것을 나타낸다. 예를 들면:
(1) 你不比我高多少。

(2) 这个商场的东西不比那个商场的贵多少。

(3) 他不比你聪明多少。

二、别再犹豫了，就这么定了

"就这么定了"，表示事情决定下来，不再改变。例如：

"就这么定了"means thing has been decided and can't be changed any more. e.g.

 就这么定了는 어떤 일에 결정을 내리고, 다시는 바꾸지 않는다는 것을 나타낸다. 예를 들면:

(1) A：咱们是不是先开个会？

　　B：就这么定了。

(2) 这件事就这么定了，不要再说了。

练习　Exercises　연습문제

一、朗读句子 / Please read aloud / 정확한 발음과 성조로 아래의 예문을 읽으시오

1. 你的包挺重的，有30多公斤吧？会不会超重？
2. 是给姐姐买的结婚礼物，超重就超重吧，多交点儿钱，没事儿。
3. 说不定姐姐和姐夫会来中国度蜜月呢！
4. 我们还是坐火车吧，火车票比飞机票便宜不少呢！
5. 坐火车要40多个小时，你不觉得太耽误时间了吗？再说坐火车多累呀！
6. 软卧票的价格不比飞机票便宜多少，不合算。
7. 坐飞机确实节省不少时间，也不累，就是太贵。
8. 我们就买往返机票，现在往返机票打折，比平时便宜20%呢！

二、回答问题 / Please answer the questions / 다음 문제에 답하시오

1. 怎么办理登机手续？
2. 出海关的时候要检查什么？
3. 李知恩的行李为什么那么重？
4. 丈夫为什么反对坐火车去云南？
5. 坐飞机转机麻烦不麻烦？
6. 丈夫希望买往返飞机票，为什么？

三、扩展 / Accumulating / 확장연습

办理登机手续　办理出国手续　办理入学手续　办理毕业手续　手续简单
耽误时间　　浪费时间　　节省时间　　安排时间　　调整时间
单程票　　往返票　　打折票　　优惠票　　半价票　　预订机票

四、替换 / Substitution and extension / 변환 연습

1. 你要<u>乘坐</u>的　是　<u>哪个航班</u>?

| 报考 | 哪个大学 |
| 参加 | 哪个社团 |

2. <u>出海关</u>的时候要<u>安检</u>吧?

| 毕业 | 写论文 |
| 读研究生 | 学习第二外语 |

3. 说不定<u>姐姐和姐夫会来中国度蜜月</u>呢!

| 我们会在美国见面 |
| 我会留在中国找工作 |

4. 如果<u>到了昆明很累</u>，<u>以后几天怎么玩儿</u>啊?

| 没有地址的话 | 回国后我 | 跟你联系 |
| 你不带手机 | 有急事 | 寻求帮助 |

5. 别再<u>犹豫</u>了，就<u>这么定</u>了!

| 考虑 | 选这个吧 |
| 比较 | 买这个吧 |

五、情境实践 / Situation practice / 상황 연습

1. 怎么办理登机手续呢?　　　　　　　　　　　　　　　　　(托运)
2. 你的包挺重的，有30多公斤吧?　　　　　　　　　　　　(超重)
3. 买软卧票不行吗?　　　　　　　　　　　　　　　　　　(不合算)
4. 到昆明有直达的飞机吗?　　　　　　　　　　　　　　　(转机)

5. 坐飞机有什么好处呀? (节省)
6. 他们为什么买往返机票呢? (打折)

(六) 交际任务 / Intercommunication practice / 역할 연습

谈谈不同交通工具的长处。

(七) 补充词语 / Over the vocabulary / 보충단어

民航　国航　东航　山航　南航　空姐　机长　航线　头等舱　经济舱
滞留　延误　赔偿　准时　机械故障　安全检查　免税店
重量限制　申报表　入境登记卡　出境　入境事由　边防检查　商务
探亲访友　观光休闲　居留证　火车车次　硬席　软席　餐车　行李车
普快　特快　直达　动车　空调车　双层列车　短途列车　临时列车　无座车票

第十四课　小姐，我要寄这些书
Lesson Fourteen　Miss, I want to post these books
제 14 과　아가씨, 저는 이 책들을 부치려고 합니다

生词　NEW WORDS　새로 나온 단어

1.	称	chēng	(动)	to weigh	달다. 저울로 재다
2.	重量	zhòngliàng	(名)	weight	중량
3.	包裹单	bāoguǒdān	(名)	parcel post form	소포명세서
4.	填	tián	(动)	to fill	채우다. 메꾸다
5.	邮政	yóuzhèng	(名)	postal service	우편행정
6.	编码	biānmǎ	(名)	code	번호
7.	收件人	shōujiànrén	(名)	addressee	수취인. 받는 사람
8.	资助	zīzhù	(动)	to sponsor	물질로 돕다
9.	篇	piān	(量)	a measure word of describing a piece of writing	양사, 편
10.	捐	juān	(动)	to donate	기부하다
11.	款	kuǎn	(名)	money	금전
12.	分成	fēnchéng	(动)	to divide	…로 나누다
13.	纸箱	zhǐxiāng	(名)	carton	종이상자
14.	装	zhuāng	(动)	to put sth. into sth.; to pack	집어 넣다. 채워 넣다

15.	安全	ānquán	(形)	safe	안전하다
16.	打工	dǎ gōng		to have a part-time job	아르바이트하다
17.	挣	zhèng	(动)	to earn	돈을 벌다
18.	挑	tiāo	(动)	to select	고르다
19.	舍得	shěde	(动)	to be willing to part with	아깝지 않다. 미련 없다
20.	幸好	xìnghǎo	(副)	fortunately; luckily	다행히도
21.	求	qiú	(动)	to ask; to request	구하다. 바라다. 부탁하다
22.	分别	fēnbié	(副)	respectively	분별하다. 나누다
23.	运气	yùnqi	(名)	luck	운
24.	咳	hāi	(叹)	oh	감탄사
25.	生病	shēng bìng		to get sick	병이 나다

专名	拼音	Proper Noun	고유명사
1. 杨晓月	Yáng Xiǎoyuè	Yang Xiaoyue, name of a person	양효월(인명)
2. 希望工程	Xīwàng Gōngchéng	Hope Project	희망공정(불우이웃, 미취학청소년돕기운동)

第十四课　小姐，我要寄这些书

Yī. Xiǎojiě, wǒ yào jì zhèxiē shū
一、小姐，我要寄这些书
Part One Miss, I want to post these books
회화 1. 아가씨, 저는 이 책들을 부치려고 합니다

(在邮局，罗伯特要寄包裹，工作人员在帮他)
(In the post office, Robert wants to send a parcel and the clerk is helping him)
(우체국에서, 로버트가 소포를 부치려 하고 직원이 그를 돕다)

罗 伯 特：小姐，我要寄这些书。
工作人员：要先称一下儿重量。您把这张包裹单填一下儿。
罗 伯 特：您能告诉我怎么写吗？我的汉语还不太好。
工作人员：先写邮政编码。在这里写上收件人的地址。(工作人员把包裹单和一支笔递给罗伯特)
罗 伯 特：我要给我资助的孩子寄书。这里写她的名字，然后下面写上我的地址，对吧？
工作人员：对。她叫杨晓月？是您资助的孩子？
罗 伯 特：是。您看，我有她的照片，她上三年级了。我买了一些书寄给她。
工作人员：孩子长得真可爱。您是怎么知道她的情况的？

罗伯特：我的汉语书上有一篇课文是关于希望工程的。我就给希望工程捐了款，我是在希望工程的资料里知道她的情况的。

工作人员：您真善良。这些书分成两包寄吧，五公斤一个包。

罗伯特：好。我买两个小纸箱，用纸箱装书比较安全。

工作人员：好了，一个星期后晓月就能收到您寄的书了，她一定会很高兴。

Luóbótè：Xiǎojiě, wǒ yào jì zhèxiē shū.

Gōngzuò rényuán：Yào xiān chēng yíxiàr zhòngliàng. Nín bǎ zhè zhāng bāoguǒdān tián yíxiàr.

Luóbótè：Nín néng gàosu wǒ zěnme xiě ma? Wǒ de Hànyǔ hái bú tài hǎo.

Gōngzuò rényuán：Xiān xiě yóuzhèng biānmǎ. Zài zhèli xiěshang shōujiànrén de dìzhǐ.（gōngzuò rényuán bǎ bāoguǒdān hé yì zhī bǐ dìgěi Luóbótè）

Luóbótè：Wǒ yào gěi wǒ zīzhù de háizi jì shū. Zhèli xiě tā de míngzi, ránhòu xiàmian xiěshang wǒ de dìzhǐ, duì ba?

Gōngzuò rényuán：Duì. Tā jiào Yáng Xiǎoyuè? Shì nín zīzhù de háizi?

Luóbótè：Shì. Nín kàn, wǒ yǒu tā de zhàopiàn, tā shàng sān niánjí le. Wǒ mǎile yìxiē shū jìgěi tā.

Gōngzuò rényuán：Háizi zhǎng de zhēn kě'ài. Nín shì zěnme zhīdao tā de qíngkuàng de?

Luóbótè：Wǒ de Hànyǔ shū shang yǒu yì piān kèwén shì guānyú Xīwàng Gōngchéng de. Wǒ jiù gěi Xīwàng Gōngchéng juānle kuǎn, wǒ shì zài xīwàng gōngchéng de zīliào li zhīdao tā de qíngkuàng de.

Gōngzuò rényuán：Nín zhēn shànliáng. Zhèxiē shū fēnchéng liǎng bāo jì ba, wǔ gōngjīn yí ge bāo.

Luóbótè：Hǎo. Wǒ mǎi liǎng ge xiǎo zhǐxiāng, yòng zhǐxiāng zhuāngshū bǐjiào ānquán.

Gōngzuò rényuán：Hǎo le, yí ge xīngqī yǐhòu Xiǎoyuè jiù néng shōudào nín jì de shū le, tā yídìng huì hěn gāoxìng.

第十四课　小姐，我要寄这些书

（罗伯特说）

今天我到邮局给晓月寄去两箱书，希望她喜欢。我是从汉语书上知道希望工程的，我就给希望工程办公室捐了款，捐款的时候，我看到了晓月的照片，那么可爱的小女孩，只是因为家里没有钱，就不能上学了。他们给了我晓月的地址，以后我要帮助她，一直到她读完大学。

(Luóbótè shuō)

Jīntiān wǒ dào yóujú gěi Xiǎoyuè jìqu liǎng xiāng shū, xīwàng tā xǐhuan. Wǒ shì cóng Hànyǔ shū shang zhīdao Xīwàng Gōngchéng de, wǒ jiù gěi Xīwàng Gōngchéng bàngōngshì juānle kuǎn, juānkuǎn de shíhou, wǒ kàndàole Xiǎoyuè de zhàopiàn, nàme kě'ài de xiǎo nǚhái, zhǐshì yīnwèi jiāli méiyǒu qián, jiù bù néng shàngxué le. Tāmen gěile wǒ Xiǎoyuè de dìzhǐ, yǐhòu wǒ yào bāngzhù tā, yìzhí dào tā dúwán dàxué.

二、到了机场才知道托运费那么贵

Èr. Dàole jīchǎng cái zhīdao tuōyùnfèi nàme guì

Part Two I don't know the checking fee is so high until arriving at the airport

회화 2. 공항에 도착해서야 탁송비가 그렇게 비싸다는 것을 알게 되었습니다

李知恩：　大佑，我一直想问问你，你来中国的时候怎么还带着一辆自行车？

朴大佑：　快别提这事儿了。第一次出国，我什么都想带着。到了机场才知道托运费那么贵！

李知恩：　行李超重的话，托运费肯定很贵。

朴大佑：　当时我哪儿知道啊？自行车是我打工挣钱买的，我当然要带着。

李知恩：　其实在中国什么都能买到，自行车也比韩国便宜得多。

朴大佑：　大家都劝我把在中国能买到的东西留下。可我挑来挑去，没有一样舍得拿出来。

李知恩： 那你最后怎么上的飞机？
朴大佑： 幸好一起走的朋友有十几个，我求他们分别帮我带一些东西上飞机。
李知恩： 算你运气好。来了以后，自行车确实很有用，别的东西呢？
朴大佑： 咳，有什么用啊？我生病了从来不吃药，却拿了那么多各种各样的药。
李知恩： 我说呢，刚来中国的那个学期，我们学校的韩国朋友如果感冒了就去你那儿找药，原来是这样。

（大佑在擦自行车，李知恩跟他聊天儿）
(Dea-wu is cleaning his bicycle and Lee Ji-en is talking with him)
(대우는 자전거를 닦고 있으며, 이지은이 그와 한담하다)

Lǐ Zhī'ēn： Dàyòu, wǒ yìzhí xiǎng wènwen nǐ, nǐ lái Zhōngguó de shíhou zěnme hái dàizhe yí liàng zìxíngchē?

Piáo Dàyòu： Kuài biétí zhè shìr le. Dì-yī cì chūguó, wǒ shénme dōu xiǎng dàizhe. Dàole jīchǎng cái zhīdao tuōyùnfèi nàme guì!

Lǐ Zhī'ēn： Xíngli chāozhòng dehuà, tuōyùnfèi kěndìng hěn guì.

Piáo Dàyòu： Dāngshí wǒ nǎr zhīdao a? Zìxíngchē shì wǒ dǎgōng zhèngqián mǎi de, wǒ dāngrán yào dàizhe.

Lǐ Zhī'ēn： Qíshí zài Zhōngguó shénme dōu néng mǎidào, zìxíngchē yě bǐ Hánguó piányi de duō.

Piáo Dàyòu： Dàjiā dōu quàn wǒ bǎ zài Zhōngguó néng mǎidào de dōngxi liúxia. Kě wǒ tiāo lái tiāo qù, méiyǒu yíyàng shěde ná chulai.

第十四课 小姐，我要寄这些书

Lǐ Zhī'ēn : Nà nǐ zuìhòu zěnme shàng de fēijī?

Piáo Dàyòu : Xìnghǎo yìqǐ zǒu de péngyou yǒu shíjǐ gè, wǒ qiú tāmen fēnbié bāng wǒ dài yìxiē dōngxi shàng fēijī.

Lǐ Zhī'ēn : Suàn nǐ yùnqi hǎo. Láile yǐhòu, zìxíngchē quèshí hěn yǒuyòng, biéde dōngxi ne?

Piáo Dàyòu : Hāi, yǒu shénme yòng a? Wǒ shēngbìngle cónglái bù chī yào, què nále nàme duō gèzhǒng-gèyàng de yào.

Lǐ Zhī'ēn : Wǒ shuō ne, gāng lái Zhōngguó de nà ge xuéqī, wǒmen xuéxiào de Hánguó péngyou rúguǒ gǎnmàole jiù qù nǐ nàr zhǎoyào, yuánlái shì zhèyàng.

（朴大佑说）

来中国的时候，我带来一辆自行车，那是我打工挣钱买的。第一次出国，我什么都想带着，没想到行李超重的话，托运费那么贵。幸好一起走的朋友有十几个，他们分别帮我带一些东西上了飞机。来中国以后，自行车确实很有用，但别的东西对我没有什么用，不过能对别人有用，我也很高兴。

（Piáo Dàyòu shuō）

Lái Zhōngguó de shíhou, wǒ dàilai yí liàng zìxíngchē, nà shì wǒ dǎgōng zhèngqián mǎi de. Dì-yī cì chūguó, wǒ shénme dōu xiǎng dàizhe, méi xiǎngdào xíngli chāozhòng dehuà, tuōyùnfèi nàme guì. Xìnghǎo yìqǐ zǒu de péngyou yǒu shíjǐ gè, tāmen fēnbié bāng wǒ dài yìxiē dōngxi shàngle fēijī. Lái Zhōngguó yǐhòu, zìxíngchē quèshí hěn yǒuyòng, dàn biéde dōngxi duì wǒ méiyǒu shénme yòng, búguò néng duì biéren yǒuyòng, wǒ yě hěn gāoxìng.

 注释 Notes 주석

一、其实在中国什么都能买到

"其实"表示所说的是实际情况，含有转折的意思。例如：

"其实" means in fact, with the tone of transition. e.g.

其实은 말한 바가 실제의 정황이라는 것을 표시하며, 전환(문장이나 말

의 의미를 다른 방향으로 바꿈)의 의미를 담고 있다. 예를 들면:
(1) 其实我不想去。
(2) 今天其实不太冷，只是你穿得太少了。
(3) 学好汉语其实很简单，就是多听多说多练习。

二、幸好一起走的朋友有十几个

"幸好"表示由于偶然出现的有利条件而避免了某种不利的事情。例如：
"幸好"means something disadvantageous has been avoided due to the advantageous conditions taking place incidentally. e.g.
幸好는 우연히 출현한 유리한 조건으로 인하여 모종의 불리한 사정으로부터 벗어나게 되었다는 것을 표시하다. 예를 들면:
(1) 幸好有你的帮助，我才顺利地通过了考试。
(2) 幸好带了雨伞，不然全身都得淋湿。
(3) 幸好我及时打上了出租车，不然就要迟到了。

三、我生病了从来不吃药

"从来"就是从过去到现在，多用否定式。例如：
"从来"means ever, from the past to now, and it's mainly used in negative sentences. e.g.
从来는 과거시점으로부터 현재에 이르기 까지의 시간을 표시하며 부정문에 더 많이 사용한다. 예를 들면:
(1) 我从来没听说过这个地方。
(2) 她从来不吃辣椒。
(3) 我从来没见过这么聪明的小狗。

表达 Expressions 표현다루기

一、好了，一个星期后晓月就能收到您寄的书了

"好了"，表示事情已经结束或完成。例如：
"好了"，means something has finished or has been completed. e.g.
好了는 일이 이미 끝났거나 완성되었다는 것을 표시한다. 예를 들면:
(1) 好了，作业做完了，你看看吧。
(2) 好了，终于到家了。

二、当时我哪儿知道啊

"哪儿"在这里表示反问。"哪儿知道"就是不知道。"哪儿"也说"哪"。例如：

"哪儿"contains the tone of rhetorical question here. "哪儿知道"means sb. doesn't know. "哪儿" is just like"哪". e.g.

여기에서의 哪儿은 반문을 나타낸다. 哪儿知道<어떻게 알았겠는가?>는 곧 不知道<모른다>의 뜻이다. 또한 哪儿은 哪라고도 한다. 예를 들면:

(1) 我哪儿说过？（我没说过。）
(2) 你哪儿能这样做？（你不能这样做。）

三、算你运气好

"算"，表示比较起来最突出。例如：

"算"，means somebody or something is outstanding by comparison. e.g.

算은 비교해볼 때 가장 뛰어나다는 것을 나타낸다. 예를 들면:

(1) 我们班算他最努力了。
(2) 他算是我们中年龄最大的人。

练习   Exercises   연습문제

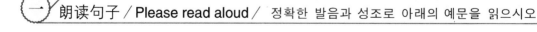

一、朗读句子 / Please read aloud / 정확한 발음과 성조로 아래의 예문을 읽으시오

1. 您把这张包裹单填一下儿。
2. 您能告诉我怎么写吗？我的汉语还不太好。
3. 她叫杨晓月？是您资助的孩子？
4. 我买两个小纸箱，用纸箱装书比较安全。
5. 快别提这事儿了。第一次出国，我什么都想带着，到了机场才知道托运费那么贵！
6. 当时我哪儿知道啊？
7. 那你最后怎么上的飞机？
8. 算你运气好。
9. 咳，有什么用啊？

二、回答问题 / Please answer the questions / 다음 문제에 답하시오

1. 在邮局寄书要先做什么?
2. 在包裹单上要填写哪些内容?
3. 罗伯特是怎么知道杨晓月的?
4. 罗伯特为杨晓月做了什么?
5. 罗伯特是怎么寄书的?
6. 朴大佑来中国为什么还要带着自行车?
7. 朴大佑最后怎么解决行李超重问题的?
8. 朴大佑带到中国的药有用吗?

三、扩展 / Accumulating / 확장연습

包裹单　账单　菜单　名单　清单

填　填写　填表

收件人　发件人

资助　资金　资本　投资　资产　外资　合资　出资

安全　安静　平安　早安　晚安

求　要求　请求

四、替换 / Substitution and extension / 변환 연습

1. 要先 称 一下儿 重量。

| 看 | 生产日期和保质期 |
| 检查 | 质量 |

2. 您把这张 包裹单 填一下儿。

| 表 |
| 问卷 |

3. 您能告诉我怎么 写 吗?

| 寄包裹 |
| 走 |

第十四课 小姐，我要寄这些书

4. 在这里写上收件人的 <u>地址</u>。

　　　　　　　　　　　　　　　　　　　　　　　姓名
　　　　　　　　　　　　　　　　　　　　　　　电话号码

5. 您是怎么知道 <u>她</u> 的情况的?

　　　　　　　　　　　　　　　　　　　　　　　这个地方
　　　　　　　　　　　　　　　　　　　　　　　这个产品

6. 我的汉语书上有一篇课文是关于 <u>希望工程</u> 的。

　　　　　　　　　　　　　　　　　　　　　　　差不多先生
　　　　　　　　　　　　　　　　　　　　　　　空气污染

7. 用纸箱装书比较 <u>安全</u>。

　　　　　　　　　　　　　　　　　　　　　　　方便
　　　　　　　　　　　　　　　　　　　　　　　简单

8. <u>当时</u> 我哪儿知道啊?

　　　　　　　　　　　　　　　　　　　　　　　刚来的时候
　　　　　　　　　　　　　　　　　　　　　　　第一次见面

9. 我 <u>挑</u> 来 <u>挑</u> 去，没有一样舍得拿出来。

　　　　　　　　　　　　　　　　　　　　　　　看　　　看
　　　　　　　　　　　　　　　　　　　　　　　考虑　考虑

10. 幸好一起 <u>走</u> 的朋友有十几个。

　　　　　　　　　　　　　　　　　　　　　　　留学
　　　　　　　　　　　　　　　　　　　　　　　旅游

11. 我 <u>生病了</u> 从来不 <u>吃药</u>。

　　　　　　　　　　　　　　　　　　　　　　　考试　　紧张
　　　　　　　　　　　　　　　　　　　　　　　做事　　马虎

五、情境实践 / Situation practice / 상황 연습

1. 请您告诉我怎么写，好吗?　　　　　　　　　　　　（能……吗）

2. 这篇课文是写什么的? (关于)
3. 当时你知道托运费很贵吗? (哪儿)
4. 让你把最心爱的东西送人,有什么感觉? (舍得)
5. 可以说这是你运气好吧? (算)

六、交际任务 / Intercommunication practice / 역할 연습

1. 到邮局咨询如何寄包裹、寄书等。
2. 回忆自己第一次出国的经历。
3. 你觉得出国应该带什么东西?

七、补充词语 / Over the vocabulary / 보충 단어

信函 平信 明信片 挂号信函 保价信函 商业信函 印刷品
汇兑 普通汇款 电报汇款
包裹 集邮 邮政储蓄 EMS(全球邮政特快专递) 电子信函 邮购
邮政报刊发行 订阅报刊杂志
邮政礼仪 礼仪信函 礼仪电报 鲜花礼仪电报 礼仪专递

第十五课 唱中文歌也是学习汉语
Dì-shíwǔ kè Chàng Zhōngwén gē yě shì xuéxí Hànyǔ

Lesson Fifteen Singing Chinese songs is a way of learning Chinese

제 15 과 중국노래를 부르는 것도 중국어를 학습하는 것입니다

生词 NEW WORDS 새로 나온 단어

1.	甜蜜	tiánmì	(形)	sweet	달콤하다
2.	蝴蝶	húdié	(名)	butterfly	나비
3.	空闲	kòngxián	(形)	free; spare	한가하다
4.	放松	fàngsōng	(形)	relaxed	늦추다. 느슨하게 하다
5.	要么…,要么…	yàome…yàome…	(连)	either…or…	~라든지~하거나 또는 . 혹은
6.	练歌房	liàngēfáng	(名)	Kara OK room	노래연습장
7.	保龄球	bǎolíngqiú	(名)	bowling	볼링
8.	选择	xuǎnzé	(动)	to choose; to select	선택하다
9.	休闲	xiūxián	(形)	free	휴식. 오락활동
10.	紫菜卷饭	zǐcài juǎn fàn		rice coverd with laver	김밥
11.	泡菜	pàocài	(名)	kraut	김치
12.	新鲜	xīnxiān	(形)	fresh	신선하다
13.	天然	tiānrán	(形)	natural	천연의
14.	氧吧	yǎngbā	(名)	oxygen bar	산소카페

15.	呼吸	hūxī	(动)	to breathe	호흡하다
16.	系统	xìtǒng	(名)	system	계통
17.	大多	dàduō	(副)	mostly; mainly	대부분. 거의. 다
18.	钓鱼	diào yú		to go fishing	낚시
19.	注意	zhùyì	(动)	to pay attention to; to care about	주의하다
20.	健美操	jiànměicāo	(名)	bodybuilding exercises	건강체조. 에어로빅댄스
21.	锻炼	duànliàn	(动)	to do exercises	단련하다
22.	自助游	zìzhùyóu	(名)	self-service travel	배낭여행
23.	黄金周	huángjīnzhōu	(名)	the golden week	황금연휴주간
24.	郊区	jiāoqū	(名)	surburb	교외. 야외
25.	时髦	shímáo	(形)	fashionable	유행하는. 현대적인
26.	摘	zhāi	(动)	to pick	따다
27.	草莓	cǎoméi	(名)	strawberry	딸기
28.	采	cǎi	(动)	to pick	따다
29.	亲密	qīnmì	(形)	close; intimate	친밀하다
30.	接触	jiēchù	(动)	to touch	접촉하다
31.	品尝	pǐncháng	(动)	to taste	맛보다
32.	享受	xiǎngshòu	(动)	to enjoy	즐기다. 누리다
33.	劳动	láodòng	(动)	to work, to labor	노동
34.	喜悦	xǐyuè	(形)	cheerful; pleased	희열. 기쁨
35.	动手	dòng shǒu		to work by hands	시작하다. 착수하다
36.	采摘	cǎizhāi	(动)	to pick	과일따위를 따다

第十五课　唱中文歌也是学习汉语

37.	果实	guǒshí	（名）	fruit	과일. 과실
38.	嘴	zuǐ	（名）	mouth	입
39.	倒	dǎo	（动）	to change buses or other means of transportation	차를 갈아 타다.
40.	终点站	zhōngdiǎnzhàn	（名）	terminal bus stop	종착역

专名	拼音	Proper Noun	고유명사
1. 红叶谷	Hóngyè Gǔ	name of a scenery	백맥천
2. 百脉泉	Bǎi Mài Quán	name of a scenery	홍엽곡

Yī．Chàng Zhōngwén gē yě shì xuéxí Hànyǔ
一、唱　中文　歌也是学习汉语
Part One　Singing Chinese songs is a way of learning Chinese
회화 1. 중국노래를 부르는 것도 중국어를 학습하는 것입니다

（李知恩和张明聊天）
(Lee Ji-en and Zhang Ming are chatting)
(이지은과 장명이 한 담하다)

李知恩： 张明，你什么时候有空儿，我们一起去唱卡拉OK吧！我学会了不少中文歌了呢！

张　明： 没想到你也会唱中文歌啊，你都学会什么歌了？

李知恩： 《明明白白我的心》、《甜蜜蜜》、《两只蝴蝶》什么的，多着呢。唱中文歌也是学习汉语，你说对吗？

张　明： 那当然了！唱歌儿又是很好的休息。在韩国，空闲时间你们常做什么？

李知恩： 年轻人要想放松一下儿的话，要么去练歌房，要么打保龄球，要么就在酒吧喝酒、聊天儿。

张　明： 中老年人选择什么休闲方式？

李知恩： 我家附近有很多小山，天气好的时候，我父母会约几个朋友去爬山，背包里准备些午饭，比如紫菜卷饭、泡菜、水果什么的。

张　明： 山里空气新鲜，是天然氧吧，对人们的呼吸系统很有好处。

李知恩： 住在海边的人大多喜欢游泳、钓鱼。现在的老年人越来越注意身体了。

张　明： 中国的老年人也是这样。每天早晨打太极拳、练健美操的老年人可多了！

李知恩： 我们真应该向老年人学习，每天坚持锻炼身体。

Lǐ Zhī'ēn： Zhāng Míng, nǐ shénme shíhou yǒu kòngr, wǒmen yìqǐ qù chàng kǎlā OK ba! Wǒ xuéhuìle bù shǎo Zhōngwéngē le ne!

Zhāng Míng： Méi xiǎngdào nǐ yě huì chàng Zhōngwéngē a, nǐ dōu xuéhuì shénme gē le?

Lǐ Zhī'ēn： 《Míngmíng báibái Wǒ de xīn》、《Tiánmìmì》、《Liǎng zhī Húdié》 shénmede, duō zhene. Chàng Zhōngwén gē yě shì xuéxí Hànyǔ, nǐ shuō duì ma?

Zhāng Míng： Nà dāngrán le! Chànggēr yòu shì hěn hǎo de xiūxi. Zài Hánguó, kòngxián shíjiān nǐmen cháng zuò shénme?

Lǐ Zhī'ēn： Niánqīngrén yào xiǎng fàngsōng yíxiàr dehuà, yàome qù liàngēfáng, yàome dǎ bǎolíngqiú, yàome jiù zài jiǔbā hē jiǔ, liáotiānr.

第十五课　唱中文歌也是学习汉语

Zhāng Míng： Zhōng-lǎonián rén xuǎnzé shénme xiūxián fāngshì?

Lǐ Zhī'ēn： Wǒ jiā fùjìn yǒu hěn duō xiǎo shān, tiānqì hǎo de shíhou, wǒ fùmǔ huì yuē jǐ ge péngyou qù páshān, bèibāo li zhǔnbèi xiē wǔfàn, bǐrú zǐcài juǎnfàn, pàocài, shuǐguǒ shénmede.

Zhāng Míng： Shānli kōngqì xīnxiān, shì tiānrán yǎngbā, duì rénmen de hūxī xìtǒng hěn yǒu hǎochu.

Lǐ Zhī'ēn： Zhùzài hǎibiān de rén dàduō xǐhuan yóuyǒng, diàoyú. Xiànzài de lǎoniánrén yuèláiyuè zhùyì shēntǐ le.

Zhāng Míng： Zhōngguó de lǎoniánrén yě shì zhèyàng. Měi tiān zǎochen dǎ Tàijíquán, liàn jiànměicāo de lǎoniánrén kě duō le!

Lǐ Zhī'ēn： Wǒmen zhēn yīnggāi xiàng lǎoniánrén xuéxí, měi tiān jiānchí duànliàn shēntǐ.

（李知恩说）

　　我学会了不少中文歌。唱中文歌可以学习汉语，又是一种很好的休闲方式。

　　在韩国，年轻人要想放松一下儿的话，要么去练歌房，要么打保龄球，要么就在酒吧喝酒、聊天儿。韩国人越来越注意身体健康了。住在海边的人大多喜欢游泳、钓鱼。住处附近有山的人，就会约几个朋友一起去爬山。山里空气新鲜，是天然氧吧，对呼吸系统很有好处。中国有好多老年人每天早晨打太极拳、练健美操。我们真应该向他们学习，每天坚持锻炼身体。

（Lǐ Zhī'ēn shuō）

　　Wǒ xuéhuìle bù shǎo Zhōngwéngē. Chàng Zhōngwéngē kěyǐ xuéxí Hànyǔ, yòu shì yì zhǒng hěn hǎo de xiūxián fāngshì.

　　Zài Hánguó, niánqīngrén yào xiǎng fàngsōng yíxiàr dehuà, yàome qù liàngēfáng, yàome dǎ bǎolíngqiú, yàome jiù zài jiǔbā hējiǔ, liáotiānr. Hánguórén yuèláiyuè zhùyì shēntǐ jiànkāng le. Zhù zài hǎibiān de rén dàduō xǐhuan yóuyǒng, diàoyú. Zhùchù fùjìn yǒu shān de rén, jiù huì yuē jǐ ge péngyou yìqǐ qù páshān. Shānli kōngqì xīnxiān, shì tiānrán yǎngbā, duì hūxī xìtǒng hěn yǒu hǎochu. Zhōngguó yǒu hǎoduō lǎoniánrén měi tiān zǎochen dǎ Tàijíquán, liàn jiànměicāo. Wǒmen zhēn yīnggāi xiàng tāmen xuéxí, měi tiān jiānchí duànliàn shēntǐ.

Èr. Xiànzài liúxíng zìzhùyóu
二、现在流行自助游
Part Two Now self-service travel is popular

회화 2. 오늘날에는 배낭여행이 유행하고 있습니다

(李知恩和朴大佑正在看报纸)
(Lee Ji-en and Park Dea-wu are reading newspaper)
(이지은과 박대우가 신문을 보고 있다)

李知恩： 大佑，快看，一到黄金周报纸上就有很多旅游景点的介绍，郊区也有很多地方可以去玩儿。

朴大佑： 红叶谷、百脉泉，这些地方我们还都没去过呢。

李知恩： 不参加旅行社，我们自己也能去。你看，怎么乘车怎么走，报纸上说得很清楚，现在流行自助游。

朴大佑： 要不我们也赶赶自助游的时髦，自己去摘草莓？这里有一个采草莓的活动。

李知恩： 我看看："欢迎来到草莓采摘园，在这里，您可以跟大自然亲密接触，品尝新鲜水果，享受劳动的喜悦，保证你以最低的价格买到最好吃的草莓。"

朴大佑： 其实现在市场上的草莓价格也不贵，想吃就买，不必去采摘园。我们看看别的活动吧。

李知恩： 这你就不懂了，自己动手采摘到的果实吃到嘴里才是最甜的，这个活动很好，我建议咱们去看看。

第十五课　唱中文歌也是学习汉语

朴大佑：　怎么坐车呢？好像挺远的。
李知恩：　没关系，早点儿出发就是了。这里写着：在市中心乘坐75路公共汽车，坐5站倒92路车，到终点站下车就是。
朴大佑：　那说定了，这个周末我们就去吧。
李知恩：　好吧。

Lǐ Zhī'ēn：Dàyòu, kuài kàn, yí dào huángjīnzhōu bàozhǐ shang jiù yǒu hěn duō lǚyóu jǐngdiǎn de jièshào, jiāoqū yě yǒu hěn duō dìfang kěyǐ qù wánr.

Piáo Dàyòu：Hóngyè Gǔ, Bǎi Mài Quán, zhèxiē dìfang wǒmen hái dōu méi qùguo ne.

Lǐ Zhī'ēn：Bù cānjiā lǚxíngshè, wǒmen zìjǐ yě néng qù. Nǐ kàn, zěnme chéngchē zěnme zǒu, bàozhǐ shang shuō de hěn qīngchu, xiànzài liúxíng zìzhùyóu.

Piáo Dàyòu：Yàobù wǒmen yě gǎngan zìzhùyóu de shímáo, zìjǐ qù zhāi cǎoméi? Zhèli yǒu yí ge cǎi cǎoméi de huódòng.

Lǐ Zhī'ēn：Wǒ kànkan: "Huānyíng láidào cǎoméi cǎizhāiyuán, zài zhèli, nín kěyǐ gēn dàzìrán qīnmì jiēchù, pǐncháng xīnxiān shuǐguǒ, xiǎngshòu láodòng de xǐyuè, bǎozhèng nǐ yǐ zuì dī de jiàgé mǎidào zuì hǎochī de cǎoméi."

Piáo Dàyòu：Qíshí xiànzài shìchǎng shang de cǎoméi jiàgé yě bú guì, xiǎng chī jiù mǎi, búbì qù cǎizhāiyuán. Wǒmen kànkan bié de huódòng ba.

Lǐ Zhī'ēn：Zhè nǐ jiù bù dǒng le, zìjǐ dòngshǒu cǎizhāi dào de guǒshí chīdào zuǐli cái shì zuì tián de, zhè ge huódòng hěn hǎo, wǒ jiànyì zánmen qù kànkan.

Piáo Dàyòu：Zěnme zuòchē ne? Hǎoxiàng tǐng yuǎn de.

Lǐ Zhī'ēn：Méi guānxi, zǎo diǎnr chūfā jiùshì le. Zhèli xiězhe: zài shì zhōngxīn chéngzuò qīshíwǔ lù gōnggòng qìchē, zuò wǔ zhàn dǎo jiǔshí'èr lù chē, dào zhōngdiǎnzhàn xiàchē jiùshì.

Piáo Dàyòu：Nà shuōdìng le, zhè ge zhōumò wǒmen jiù qù ba.

Lǐ Zhī'ēn：Hǎo ba.

(李知恩说)

一到黄金周，报纸上就有很多旅游景点的介绍，郊区也有很多地方可以去玩儿。红叶谷、百脉泉，这些地方我们还都没去过。现在流行自助游，我们不想参加旅行社，打算自己去。

今天的报纸上介绍了一个采草莓的自助游活动，游客可以到草莓采摘园享受劳动的喜悦，以最低的价格品尝到最新鲜的草莓。虽然市场上的草莓价格也不贵，但我觉得自己动手采摘到的果实吃到嘴里才是最甜的。

这个活动很好，我们决定这个周末就去看看。怎么乘车怎么走，报纸上说得很清楚：在市中心乘坐75路公共汽车，坐5站倒92路车，到终点站下车就是。

(Lǐ Zhī'ēn shuō)

Yí dào huángjīnzhōu, bàozhǐ shang jiù yǒu hěn duō lǚyóu jǐngdiǎn de jièshào, jiāoqū yě yǒu hěn duō dìfang kěyǐ qù wánr. Hóngyè Gǔ, Bǎi Mài Quán, zhèxiē dìfang wǒmen hái dōu méi qùguo. Xiànzài liúxíng zìzhùyóu, wǒmen bù xiǎng cānjiā lǚxíngshè, dǎsuan zìjǐ qù.

Jīntiān de bàozhǐ shang jièshào le yí ge cǎi cǎoméi de zìzhùyóu huódòng, yóukè kěyǐ dào cǎoméi cǎizhāiyuán xiǎngshòu láodòng de xǐyuè, yǐ zuì dī de jiàgé pǐncháng dào zuì xīnxiān de cǎoméi. Suīrán shìchǎng shang de cǎoméi jiàgé yě bú guì, dàn wǒ juéde zìjǐ dòngshǒu cǎizhāi dào de guǒshí chīdào zuǐli cái shì zuì tián de.

Zhè ge huódòng hěn hǎo, wǒmen juédìng zhè ge zhōumò jiù qù kànkan. Zěnme chéngchē zěnme zǒu, bàozhǐ shang shuō de hěn qīngchu: zài shì zhōngxīn chéngzuò qīshíwǔ lù gōnggòng qìchē, zuò wǔ zhàn dǎo jiǔshí'èr lù chē, dào zhōngdiǎnzhàn xiàchē jiùshì.

第十五课 唱中文歌也是学习汉语

注释　Notes　주석

要么去练歌房，要么打保龄球

"要么……，要么……"，表示在几种情况中加以选择。例如：
"要么…,要么…"refers to choose in different situations. e.g.
요么…，요么…는 서로 다른 선택을 나타낸다. 예를 들면:
(1) 要么你去，要么他去。
(2) 要么买，要么不买，快决定吧。

表达　Expressions　표현다루기

一、《明明白白我的心》、《甜蜜蜜》、《两只蝴蝶》什么的，多着呢

"……着呢"，用在形容词或形容词短语后，表示肯定某种性质或状态。例如：
"……着呢"is used after adjectives or adjectives phrases, confirming a certain property or state. e.g.
着呢는 형용사나 혹은 유사한 형용사 단어 뒤에서 모종 성질이나 상태를 긍정함을 표시한다. 예를 들면:
(1) 去那儿远着呢，得打车去。
(2) 他说话快着呢。
(3) 那里边的东西多着呢。

二、那说定了，这个周末我们就去吧

"说定了"，表示事情决定了，不再改变。例如：
"说定了"means that this has been decided and can't be changed. e.g.
说定了는 일을 결정하고, 다시 바꾸지 않는다는 것을 나타낸다. 예를 들면:
(1) 说定了，我们在大门口见。
(2) 这次我请你，说定了啊。
(3) 我们说定了暑假一起去旅游。

练习　Exercises　연습문제

一、朗读句子 / Please read aloud / 정확한 발음과 성조로 아래의 예문을 읽으시오

1. 年轻人要想放松一下儿的话，要么去练歌房，要么打保龄球，要么就在酒吧喝酒、聊天儿。
2. 山里空气新鲜，是天然氧吧，对人们的呼吸系统很有好处。
3. 每天早晨打太极拳、练健美操的老年人可多了！
4. 这你就不懂了，自己动手采摘到的果实吃到嘴里才是最甜的。
5. 在市中心乘坐75路公共汽车，坐5站倒92路车，到终点站下车就是。
6. 那说定了，这个周末我们就去吧。

二、回答问题 / Please answer the questions / 다음 문제에 답하시오

1. 在韩国年轻人空闲时间常做什么？
2. 韩国的中老年人选择什么休闲方式？
3. 爬山有什么好处？
4. 住在海边的人喜欢做什么？
5. 现在什么旅游方式比较时髦？
6. 李知恩建议参加一个什么活动？
7. 去草莓采摘园怎么坐车？

三、扩展 / Accumulating / 확장연습

休闲方式	娱乐方式	养生方式	练健美操	练气功	练瑜伽
呼吸系统	消化系统	循环系统	呼吸器官	呼吸困难	呼吸通畅
享受生活	享受人生	享受美味	享受快乐	尽情享受	

四、替换 / Substitution and extension / 변환 연습

1. 你要想放松一下儿的话，要么去练歌房，要么打保龄球，要么喝酒、聊天儿。

| 要想学好外语 | 去国外 | 上辅导班 | 请家庭教师 |
| 要想减肥 | 节食 | 多锻炼 | 吃药 |

2．住在海边的人大多喜欢游泳、钓鱼。

> 少数民族　　唱歌、跳舞
> 老年人　　　穿鲜艳的衣服

3．自己动手采摘到的果实吃到嘴里才是　最甜的。

> 自己动手做的饭菜吃到嘴里　　最香的
> 自己动手做的礼物送给朋友　　最宝贵的

4．那说好了，这个周末我们就去吧。

> 每天下午我们一起打球吧
> 新年晚会我们合作表演节目吧

五、情境实践 / Situation practice / 상황 연습

1．你会唱什么中文歌？　　　　　　　　　　　　（多着呢）
2．爬山有什么好处？　　　　　　　　　　　　　（氧吧）
3．我们应该学习老年人什么？　　　　　　　　　（坚持）
4．一到黄金周，报纸上有什么内容？　　　　　　（景点）
5．不参加旅行社自己能旅游吗？　　　　　　　　（流行）
6．你认为自助游怎么样？　　　　　　　　　　　（时髦）

六、交际任务 / Intercommunication practice / 역할 연습

谈谈你的休闲方式。

七、补充词语 / Over the vocabulary / 보충단어

歌星　球星　明星　个性化　追星族　崇拜　偶像　街舞　有氧运动
瘦身　减肥　节食　塑身　生活质量　劳逸结合　有张有弛　开阔眼界
潜水　冲浪　瑜伽　登山　攀岩　高山速降　蹦极　刺激　惊险

Dì - shíliù kè　　Pǔ'ěrchá duì wèi yǒu hǎochu
第十六课　普洱茶对胃有好处
Lesson Sixteen　Pu'er tea is good for stomach
제 16 과　보이차는 위장에 좋습니다

生词　NEW WORDS　새로 나온 단어

1.	普洱茶	pǔ'ěrchá	（名）	pu'er tea	보이차(운남성 보이산 특산차)푸얼 차
2.	胃	wèi	（名）	stomach	위. 위장
3.	红茶	hóngchá	（名）	black tea	홍차
4.	绿茶	lǜchá	（名）	green tea	녹차
5.	乌龙茶	wūlóngchá	（名）	oolong tea	우롱차
6.	出产	chūchǎn	（动）	to produce	생산하다. 산출하다
7.	讲究	jiǎngjiu	（名）	something to be paid attention to something special	중시하다
8.	而	ér	（连）	while; however	역접을 나타내는 조사, 러나
9.	陈	chén	（形）	for a long time; old	오래된. 해묵은
10.	当做	dàngzuò	（动）	to regard as; to take as	～로 여기다
11.	收藏品	shōucángpǐn	（名）	articles for collection	수장품. 소장품
12.	茶道	chádào	（名）	tea ceremony	다도
13.	特意	tèyì	（副）	designedly	특별히. 일부러

158

第十六课　普洱茶对胃有好处

14.	盒	hé	（量）	box	양사. 통. 합. 갑
15.	铁观音	tiěguānyīn	（名）	tie guanyin tea (a variety of oolong tea)	철관음차 티에 인
16.	招聘	zhāopìn	（动）	to employ	초빙하다
17.	临时	línshí	（形）	temporary	그때가 되다. 때에 이르다
18.	翻译	fānyì	（名）	translator	번역. 통역. 동역사
19.	底	dǐ	（名）	the end of	월. 년의 말
20.	暑假	shǔjià	（名）	summer vacation	여름휴가
21.	期间	qījiān	（名）	during a period of time	기간
22.	特长	tècháng	（名）	specialty; strong points	특장. 특색
23.	能力	nénglì	（名）	ability	능력
24.	证书	zhèngshū	（名）	certificate	증서
25.	寒假	hánjià	（名）	winter vacation	겨울휴가
26.	驾驶	jiàshǐ	（动）	to drive	운전하다. 조종하다
27.	执照	zhízhào	（名）	driving licence	허가증. 면허증
28.	应聘者	yìngpìnzhě	（名）	applicant	응모자
29.	面试	miànshì	（动）	to interview	면접시험
30.	身份证	shēnfènzhèng	（名）	ID card	신분증
31.	一切	yíqiè	（代）	everything	일체의

Yī　　Pǔ'ěrchá　duì wèi yǒu hǎochu
一、普洱茶对胃有好处
Part One Pu'er tea is good for stomach
회화 1. 보이차는 위장에 좋습니다

（初秋，在茶馆）
(At the beginning of fall, in the cafe)
（초가을, 찻집에서）

朴大佑： 我这两天胃老是不舒服，吃药也不解决问题。
李知恩： 那你喝普洱茶吧，普洱茶对胃有好处。
朴大佑： 我知道红茶、绿茶、乌龙茶，普洱茶是什么茶？
李知恩： 是云南出产的一种茶，属于红茶。
朴大佑： 你平时喝什么茶？
李知恩： 我一般喝绿茶，因为喝绿茶可以减肥、美容。
（茶馆儿主人端来了不同的茶具）
朴大佑： 喝茶还有什么讲究？
李知恩： 绿茶呢，讲究喝新茶，而普洱茶却是越陈越好，有些人把普洱茶当做收藏品呢。
朴大佑： 还真没看出来，你原来对茶这么有研究。
李知恩： 我妈妈喜欢茶道，今年她过生日时，我特意买了一盒铁观音寄回家。
朴大佑： 是吗？你真是个好女儿啊！

第十六课 普洱茶对胃有好处

Piáo Dàyòu： Wǒ zhè liǎng tiān wèi lǎoshi bù shūfu, chīyào yě bù jiějué wèntí.

Lǐ Zhī'ēn： Nà nǐ hē pǔ'ěrchá ba, pǔ'ěrchá duì wèi yǒu hǎochu.

Piáo Dàyòu： Wǒ zhīdao hóngchá, lǜchá, wūlóngchá, pǔ'ěrchá shì shénme chá?

Lǐ Zhī'ēn： Shì Yúnnán chūchǎn de yì zhǒng chá, shǔyú hóngchá.

Piáo Dàyòu： Nǐ píngshí hē shénme chá?

Lǐ Zhī'ēn： Wǒ yìbān hē lǜchá, yīnwèi hē lǜchá kěyǐ jiǎnféi, měiróng.

(cháguǎnr zhǔrén duānláile bù tóng de chájù)

Piáo Dàyòu： Hē chá hái yǒu shénme jiǎngjiu?

Lǐ Zhī'ēn： Lǜchá ne, jiǎngjiu hē xīnchá, ér pǔ'ěrchá què shì yuè chén yuè hǎo, yǒuxiē rén bǎ pǔ'ěrchá dàngzuò shōucángpǐn ne.

Piáo Dàyòu： Hái zhēn méi kàn chūlái, nǐ yuánlái duì chá zhème yǒu yánjiū.

Lǐ Zhī'ēn： Wǒ māma xǐhuan chádào, jīnnián tā guò shēngrì shí, wǒ tèyì mǎile yì hé tiěguānyīn jìhuí jiā.

Piáo Dàyòu： Shì ma? Nǐ zhēn shì ge hǎo nǚ'ér a!

(李知恩说)

大佑这几天胃不舒服,他应该喝点儿普洱茶,普洱茶对胃有好处。普洱茶是云南出产的一种茶,属于红茶。绿茶讲究喝新茶,而普洱茶却是越陈越好。我平时一般喝绿茶,因为喝绿茶可以减肥、美容。

(Lǐ Zhī'ēn shuō)

Dàyòu zhè jǐ tiān wèi bù shūfu, tā yīnggāi hē diǎnr pǔ'ěrchá, pǔ'ěrchá duì wèi yǒu hǎochu. Pǔ'ěrchá shì Yúnnán chūchǎn de yì zhǒng chá, shǔyú hóngchá. Lǜchá jiǎngjiu hē xīnchá, ér pǔ'ěrchá quèshì yuè chén yuè hǎo. Wǒ píngshí yìbān hē lǜchá, yīnwèi hē lǜchá kěyǐ jiǎnféi, měiróng.

二、你的听力和口语怎么样?
Part Two　How is your listening and oral ability?
회화 2. 당신의 청취력과 회화는 어떠합니까?

(张明正在打电话。他就要毕业了,想找一份当韩国语翻译的工作)
(Zhang Ming is making a call. He's going to graduate and wants to work as a translator of Korean)
(장명이 전화하고 있다. 그는 곧 졸업하는데, 한국어를 통역하는 일을 찾을 생각이다)

张　明: 您好!我是学韩国语的大学生,叫张明。我看到贵公司的招聘广告,广告上说贵公司需要临时的韩国语翻译。

王　玲: 是。我们确实需要一位韩国语翻译,具体的工作时间是在今年7月底到9月初。

张　明: 正好是在我们放暑假期间,我希望能得到这个工作机会。

王　玲: 你以前做过翻译工作吗?

张　明: 去年暑假我在一家中韩合资企业打工,为韩国来的客人当翻译。

王　玲: 你的听力和口语水平怎么样?

张　明: 听力和口语是我的特长。我已经通过了韩国语能力考试四级,有证书。

王　玲: 你会开车吗?

张　明：寒假时我刚拿到驾驶执照。
王　玲：那这样吧，星期六上午8点，请到我们公司来一下儿。我们为应聘者安排了一个面试。
张　明：需要准备哪些材料？
王　玲：请带上个人简历、身份证、学生证、各种获奖证书以及韩国语考试证书。
张　明：谢谢。那星期六见。

Zhāng Míng： Nín hǎo! Wǒ shì xué Hánguóyǔ de dàxuéshēng, jiào Zhāng Míng. Wǒ kàndào guì gōngsī de zhāopìn guǎnggào, guǎnggào shang shuō guì gōngsī xūyào línshí de Hánguóyǔ fānyì.

Wáng Líng： Shì. Wǒmen quèshí xūyào yí wèi Hánguóyǔ fānyì, jùtǐ de gōngzuò shíjiān shì zài jīnnián qīyuè dǐ dào jiǔyuè chū.

Zhāng Míng： Zhènghǎo shì zài wǒmen fàng shǔjià qījiān, wǒ xīwàng néng dédào zhè ge gōngzuò jīhuì.

Wáng Líng： Nǐ yǐqián zuòguo fānyì gōngzuò ma?

Zhāng Míng： Qùnián shǔjià wǒ zài yì jiā Zhōng-Hán hézī qǐyè dǎgōng, wèi Hánguó lái de kèrén dāng fānyì.

Wáng Líng： Nǐ de tīnglì hé kǒuyǔ shuǐpíng zěnmeyàng?

Zhāng Míng： Tīnglì hé kǒuyǔ shì wǒ de tècháng. Wǒ yǐjīng tōngguòle Hánguóyǔ nénglì kǎoshì sì jí, yǒu zhèngshū.

Wáng Líng： Nǐ huì kāichē ma?

Zhāng Míng： Hánjià shí wǒ gāng nádào jiàshǐ zhízhào.

Wáng Líng： Nà zhèyàng ba, xīngqīliù shàngwǔ bādiǎn, qǐng dào wǒmen gōngsī lái yíxiàr. Wǒmen wèi yìngpìnzhě ānpáile yí ge miànshì.

Zhāng Míng： Xūyào zhǔnbèi nǎxiē cáiliào?

Wáng Líng： Qǐng dàishang gèrén jiǎnlì, shēnfènzhèng, xuéshēngzhèng, gè zhǒng huòjiǎng zhèngshū yǐjí Hánguóyǔ kǎoshì zhèngshū.

Zhāng Míng： Xièxie. Nà xīngqīliù jiàn.

（张明说）

　　我看到一份招聘广告，一家公司需要临时的韩国语翻译。我的听力和口语不错，已经通过了韩国语能力考试，有四级证书。以前我也做过翻译工作，去年暑假我在一家中韩合资企业打工，为韩国来的客人当翻译。这样的工作是很好的机会，可以练习韩国语，我的韩国语水平就是这样得到提高的。星期六上午，我要到公司去参加面试，希望一切顺利。

　　（Zhāng Míng shuō）

　　Wǒ kàndào yí fèn zhāopìn guǎnggào, yì jiā gōngsī xūyào línshí de Hánguóyǔ fānyì. Wǒ de tīnglì hé kǒuyǔ búcuò, yǐjīng tōngguòle Hánguóyǔ nénglì kǎoshì, yǒu sì jí zhèngshū. Yǐqián wǒ yě zuòguo fānyì gōngzuò, qùnián shǔjià wǒ zài yì jiā Zhōng-Hán hézī qǐyè dǎgōng, wèi Hánguó lái de kèrén dāng fānyì. Zhèyàng de gōngzuò shì hěn hǎo de jīhuì, kěyǐ liànxí Hánguóyǔ, wǒ de Hánguóyǔ shuǐpíng jiùshì zhèyàng dédào tígāo de. Xīngqīliù shàngwǔ, wǒ yào dào gōngsī qù cānjiā miànshì, xīwàng yíqiè shùnlì.

注释 Notes 주석

一、绿茶呢，讲究喝新茶，而普洱茶却是越陈越好

"而"表示转折。例如：
"而"indicates transition. e.g.
而은 전환(역접관계)를 나타낸다. 예를 들면
(1) 他让我们早点儿来，而自己却到现在还没来。
(2) 我的听力不错，而口语还差得远。
(3) 他像我们的朋友，而不像老师。

二、正好是在我们放暑假期间

"正好"，正合适（指时间不早不晚、位置不前不后、体积不大不小、数量不多不少、程度不高不低等）。例如：
"正好" means it's just suitable. (The time, position, volume, number and level, and so on are just appropriate.) e.g.

正好는 딱 알맞다(시간이나 위치가 너무 앞도 아니고 뒤도 아님, 체적이 너무 크거나 적지 않음, 수량이 너무 많거나 적지 않음, 정도가 너무 높거나 낮지 않음등)는 것을 나타낸다. 예를 들면:

(1) 你来得正好，我正要去找你。
(2) 这盆花儿放在这儿正好。
(3) 这双鞋我穿正好。
(4) 这些钱正好买一台电脑。
(5) 房间里温度正好，不冷不热。

表达 Expressions 표현다루기

一、还真没看出来，你原来对茶这么有研究

"还真没看出来"，表示发现了过去没有注意到的事情。例如：
"还真没看出来" means that one finds out the thing that he hasn't noticed before. e.g.
还真没看출来는 과거에 주의 하지 못했던 일을 발견하였다는 것을 나타낸다. 예를 들면:

(1) 还真没看出来，我们老师的孩子都上大学了。
(2) 还真没看出来，原来你会中国功夫。

二、那这样吧，星期六上午8点，请到我们公司来一下儿

"这样吧"，用于给别人提出建议前。例如：
"这样吧" is a phrase used before suggestions to others. e.g.
这样吧는 다른 사람에게 뭔가 건의를 하기 전에 사용한다. 예를 들면:

(1) 老张马上来，这样吧，你先在这儿等他一会儿。
(2) A: 今天我实在没空。
　　B: 这样吧，明天我们再说。

练习 Exercises 연습문제

一、朗读句子 / Please read aloud / 정확한 발음과 성조로 아래의 예문을 읽으시오

1. 我这两天胃老是不舒服，吃药也不解决问题。
2. 那你喝普洱茶吧，普洱茶对胃有好处。

3. 我一般喝绿茶，因为喝绿茶可以减肥、美容。
4. 喝茶还有什么讲究？
5. 绿茶呢，讲究喝新茶，而普洱茶却是越陈越好，有些人把普洱茶当做收藏品呢。
6. 还真没看出来，你原来对茶这么有研究。
7. 你真是个好女儿啊！
8. 广告上说贵公司需要临时的韩国语翻译。
9. 我希望能得到这个工作机会。
10. 你的听力和口语水平怎么样？
11. 听力和口语是我的特长。
12. 寒假时我刚拿到驾驶执照。
13. 那这样吧，星期六上午8点，请到我们公司来一下儿。
14. 需要准备哪些材料？

二、回答问题 / Please answer the questions / 다음 문제에 답하시오

1. 朴大佑身体不好，他怎么了？
2. 李知恩为什么让朴大佑喝普洱茶？
3. 普洱茶是一种什么茶？
4. 李知恩平时喜欢喝什么茶？
5. 喝不同的茶都有什么讲究？
6. 李知恩为什么对茶有研究？
7. 张明以前做过翻译工作吗？
8. 张明的韩国语听力和口语水平怎么样？
9. 张明会开车吗？
10. 张明什么时间参加面试？
11. 张明要准备哪些材料？

三、扩展 / Accumulating / 확장연습

收藏品　产品　农产品　艺术品　精品

茶道　茶树　茶叶　茶水　茶杯　茶壶

临时　临时住处　临时工作

翻译　笔译　口译　同声传译

底　水底　心底　海底

初　月初　年初　初一　初学者

第十六课　普洱茶对胃有好处

暑假　　假期　　假日　　休假　　度假　　节假日
应聘者　　记者　　学者　　作者　　劳动者　　爱好者　　前者　　后者
面试　　笔试　　口试　　考试
身份证　　学生证　　工作证

（四） 替换 / Substitution and extension / 변환 연습

1. 我 这两天 <u>胃</u> 老是 不舒服。

   | 身体 |
   | 眼睛 |

2. <u>普洱茶</u> 对 <u>胃</u> 有 好处。

   | 绿茶　　身体 |
   | 按时休息　健康 |

3. <u>普洱茶</u> 属于 <u>红茶</u>。

   | 龙井茶　绿茶 |
   | 胜利　　我们 |

4. <u>喝茶</u> 还有 什么 讲究？

   | 请客 |
   | 婚礼 |

5. 广告上 说 贵公司 需要 临时的 <u>韩国语</u> 翻译。

   | 汉语 |
   | 法语 |

6. 正好 是 在 我们 放 <u>暑假</u> 期间。

   | 放寒假 |
   | 留学 |

7. 去年 暑假 我 在 一家 <u>中韩</u> 合资企业 打工。

   | 中德 |
   | 中日 |

8. 听力和口语 是 我的 特长。

> 书法
> 同声翻译

9. 我 已经 通过了 韩国语能力考试四级，有证书。

> 汉语水平考试八级
> 计算机能力考试

10. 寒假 我 刚 拿到 驾驶执照。

> 这些材料
> 能力证书

11. 那 星期六 见。

> 星期一
> 暑假回来后

五 情境实践 / Situation practice / 상황 연습

1. 你这两天怎么了？ （老是）
2. 你喜欢喝什么茶？ （一般）
3. 普洱茶是收藏品吗？ （把……当做……）
4. 你知道她对茶这么有研究吗？ （没看出来）
5. 今年妈妈过生日时，她送了什么礼物给妈妈？ （特意）
6. 你从7月8号开始上两个月的班可以吗？ （正好）

六 交际任务 / Intercommunication practice / 역할 연습

1. 介绍一种你们国家多数人有的生活习惯。
2. 模拟张明星期六面试的情况。

七 补充词语 / Over the vocabulary / 보충단어

肠　胆　肚子　腹部　肝　肾　胃　心脏　咽喉
胃疼　肚子疼　胃炎　肠胃炎　心脏病　咽炎

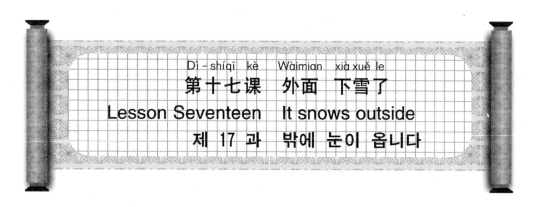

第十七课 外面 下雪了
Lesson Seventeen It snows outside
제 17 과 밖에 눈이 옵니다

生词 NEW WORDS 새로 나온 단어

1.	恐怕	kǒngpà	（副）	be like	대체로. 대략
2.	瞧	qiáo	（动）	look	보다. 구경하다
3.	地面	dìmiàn	（名）	ground	지면. 지상
4.	树枝	shùzhī	（名）	branch	나뭇가지
5.	白茫茫	báimángmáng	（形）	white	온통 하얗다
6.	算（是）	suàn(shì)	（动）	to be regarded as; to be considered as	…로 인정하다
7.	真正	zhēnzhèng	（形）	indeed; real	진정한
8.	场	chǎng	（量）	*a measure word for recreational or sports activity*	양사. 차례. 번
9.	温度	wēndù	（名）	temperature	온도
10.	家乡	jiāxiāng	（名）	hometown	고향
11.	滑雪	huáxuě		go skiing	스키
12.	正常	zhèngcháng	（形）	normal	정상적이다
13.	受	shòu	（动）	to suffer	받다. 입다

14.	损失	sǔnshī	（名）	loss; damage	손실
15.	城市	chéngshì	（名）	city	도시
16.	风沙	fēngshā	（名）	sand storm	풍사. 모래바람
17.	空气	kōngqì	（名）	air	공기
18.	污染	wūrǎn	（动）	to pollute	오염
19.	地球	dìqiú	（名）	the earth	지구
20.	想象	xiǎngxiàng	（动）	to imagine	상상하다
21.	变化	biànhuà	（动）	to change	변화
22.	灾难	zāinàn	（名）	disaster	재난
23.	爱护	àihù	（动）	to take care of	애호하다
24.	共同	gòngtóng	（形）	common; shared	공동의
25.	家园	jiāyuán	（名）	homestead	집의 정원
26.	预报	yùbào	（动）	to forecast	예보
27.	雾	wù	（名）	fog	안개
28.	晴	qíng	（形）	fine; clear	맑다
29.	多云	duōyún	（名）	cloudy	구름이 많다
30.	往年	wǎngnián	（名）	the former years	왕년. 예년. 옛날
31.	级	jí	（名）	grade	급(바람의 세기)
32.	想念	xiǎngniàn	（动）	to miss	그리워 하다
33.	充满	chōngmǎn	（动）	to be full of	충만하다
34.	金黄	jīnhuáng	（形）	golden	황금색의
35.	火红	huǒhóng	（形）	flaming; fiery	새빨갛다. 불타는 홍색
36.	浪漫	làngmàn	（形）	romantic	낭만적이다

第十七课　外面下雪了

专名	拼音	Proper Noun	고유명사
1. 后天	Hòutiān	The Day After Tomorrow	<투모로우>
2. 地球大战	Dìqiú Dàzhàn	The War of Worlds	<지구대전>

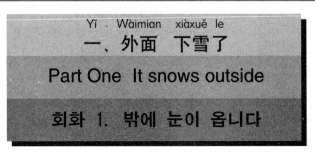

一、外面　下雪了
Yī. Wàimian xiàxuě le
Part One It snows outside
회화 1. 밖에 눈이 옵니다

（下课休息的时候，在教室）
(During a break, in the classroom)
（수업이 끝난, 휴식시간, 교실에서）

李知恩：你们快来看啊！外面下雪了。
朴大佑：下得还不小呢！也没注意是什么时候开始下的。
李知恩：恐怕下好半天了。瞧！地面上、树枝上、楼顶上，白茫茫一片，真好看。
朴大佑：有雪才算是真正的冬天。
海　伦：刘老师，这是今年第一场雪吧？
刘老师：可不是！这两年冬天的温度一直比较高，很少下雪。
海　伦：我们家乡也是这样，冬天下雪越来越少了，想找个滑雪的地方都很难。

朴大佑：现在很多地方的气候都不正常。听说今年夏天美国中西部雨下得特别大，很多家庭都受到了损失。

李知恩：我们国内的朋友来信说，他住的城市今年风沙很大，空气污染很严重。不知道是怎么回事儿。

朴大佑：你看过美国电影《后天》和《地球大战》吗？太可怕了，简直不能想象气候变化会带来那么大的灾难！

刘老师：我们只有一个地球，每个人都应该保护环境，爱护我们共同的家园。

Lǐ Zhī'ēn：Nǐmen kuài lái kàn a! Wàimian xiàxuě le.

Piáo Dàyòu：Xià de hái bù xiǎo ne! Yě méi zhùyì shì shénme shíhou kāishǐ xià de.

Lǐ Zhī'ēn：Kǒngpà xià hǎo bàntiān le. Qiáo! Dìmiàn shang, shù zhī shang, lóudǐng shang, báimángmáng yí piàn, zhēn hǎokàn.

Piáo Dàyòu：Yǒu xuě cái suànshì zhēnzhèng de dōngtiān.

Hǎilún：Liú lǎoshī, zhè shì jīnnián dì-yī chǎng xuě ba?

Liú lǎoshī：Kěbushì! Zhè liǎng nián dōngtiān de wēndù yìzhí bǐjiào gāo, hěn shǎo xiàxuě.

Hǎilún：Wǒmen jiāxiāng yě shì zhèyàng, dōngtiān xiàxuě yuèláiyuè shǎo le, xiǎng zhǎo ge huáxuě de dìfang dōu hěn nán.

Piáo Dàyòu：Xiànzài hěn duō dìfang de qìhòu dōu bú zhèngcháng. Tīngshuō jīnnián xiàtiān Měiguó zhōng-xībù yǔ xià de tèbié dà, hěn duō jiātíng dōu shòudàole sǔnshī.

Lǐ Zhī'ēn：Wǒmen guónèi de péngyou láixìn shuō, tā zhù de chéngshì jīnnián fēngshā hěn dà, kōngqì wūrǎn hěn yánzhòng. Bù zhīdào shì zěnme huíshìr.

Piáo Dàyòu：Nǐ kànguo Měiguó diànyǐng《Hòutiān》hé《Dìqiú Dàzhàn》ma? Tài kěpà le, jiǎnzhí bù néng xiǎngxiàng qìhòu biànhuà huì dàilái nàme dà de zāinàn!

Liú lǎoshī：Wǒmen zhǐyǒu yí ge dìqiú, měi ge rén dōu yīnggāi bǎohù huánjìng, àihù wǒmen gòngtóng de jiāyuán.

第十七课　外面下雪了

（海伦说）

今天下雪了！这是今年第一场雪，下得还不小呢！地面上、树枝上、楼顶上，白茫茫一片，真好看。有雪才算是真正的冬天。可是听说这两年冬天的温度一直比较高，很少下雪。我们家乡也是这样，冬天下雪越来越少了，想找个滑雪的地方都很难。很多地方的气候都不正常，或者雨水特别多，或者风沙特别大，空气污染很严重。很难想象气候变化会给人们的生活带来多大的灾难！我们只有一个地球，每个人都应该保护环境，爱护我们共同的家园。

（Hǎilún shuō）

Jīntiān xiàxuě le! Zhè shì jīnnián dì-yī chǎng xuě, xià de hái bù xiǎo ne! Dìmiàn shang, shùzhī shang, lóudǐng shang, báimángmáng yí piàn, zhēn hǎokàn. Yǒu xuě cái suànshì zhēnzhèng de dōngtiān. Kěshì tīngshuō zhè liǎng nián dōngtiān de wēndù yìzhí bǐjiào gāo, hěn shǎo xiàxuě. Wǒmen jiāxiāng yě shì zhèyàng, dōngtiān xiàxuě yuèláiyuè shǎo le, xiǎng zhǎo ge huáxuě de dìfang dōu hěn nán. Hěn duō dìfang de qìhòu dōu bú zhèngcháng, huòzhě yǔshuǐ tèbié duō, huòzhě fēngshā tèbié dà, kōngqì wūrǎn hěn yánzhòng. Hěn nán xiǎngxiàng qìhòu biànhuà huì gěi rénmen de shēnghuó dàilái duō dà de zāinàn! Wǒmen zhǐyǒu yí ge dìqiú, měi ge rén dōu yīnggāi bǎohù huánjìng, àihù wǒmen gòngtóng de jiāyuán.

Èr. Shàng wǎng kàn tiānqì yùbào
二、上网看天气预报
Part Two Read weather forcast online
회화 2. 인터넷으로 일기 예보를 보다

海　伦：今天雾真大，空气不好，不能出去玩儿了吧？
罗伯特：当然了！大雾天气不光对身体不好，交通也不安全啊！

海　伦：真希望明天是晴天。

罗伯特：我上网看看这周的天气预报。

海　伦：网上怎么说？

罗伯特：周三有小雨，其他几天多云转晴。

海　伦：温度怎么样？

罗伯特：跟往年差不多，8到19度。东北风三到四级。

海　伦：中午还可以，早晚会有点儿冷。

罗伯特：我现在真想念夏天，可以游泳，多舒服啊！

海　伦：得了吧，夏天你又会说太热了，希望冬天快点儿来。

罗伯特：说实话，我最喜欢的还是春天，不冷也不热，树叶绿绿的，到处都充满希望。

海　伦：秋天才漂亮呢！树叶变成了金黄色、火红色，多浪漫啊！

（海伦和罗伯特聊天儿）
(Helen and Robert are chatting)
(헬렌과 로버트가 한담하다)

Hǎilún : Jīntiān wù zhēn dà, kōngqì bù hǎo, bù néng chūqu wánrle ba?

Luóbótè : Dāngrán le! Dà wù tiānqì bùguāng duì shēntǐ bù hǎo, jiāotōng yě bù ānquán a!

Hǎilún : Zhēn xīwàng míngtiān shì qíngtiān.

第十七课　外面下雪了

Luóbótè： Wǒ shàngwǎng kànkan tiānqì yùbào.
Hǎilún： Wǎngshang zěnme shuō?
Luóbótè： Zhōusān yǒu xiǎoyǔ, qítā jǐ tiān duōyún zhuǎn qíng.
Hǎilún： Wēndù zěnmeyàng?
Luóbótè： Gēn wǎngnián chàbuduō, bā dào shíjiǔ dù. Dōng-běifēng sān dào sì jí.
Hǎilún： Zhōngwǔ hái kěyǐ, zǎo wǎn huì yǒudiǎnr lěng.
Luóbótè： Wǒ xiànzài zhēn xiǎngniàn xiàtiān, kěyǐ yóuyǒng, duō shūfu a!
Hǎilún： Déle ba, xiàtiān nǐ yòu huì shuō tài rè le, xīwàng dōngtiān kuài diǎnr lái.
Luóbótè： Shuō shíhuà, wǒ zuì xǐhuan de háishi chūntiān, bù lěng yě bú rè, shùyè lǜlǜ de, dàochù dōu chōngmǎn xīwàng.
Hǎilún： Qiūtiān cái piàoliang ne! Shùyè biànchéngle jīnhuángsè, huǒhóngsè, duō làngmàn a!

(罗伯特说)
　　今天雾太大了，空气不好，不能出去玩儿了。大雾天气不光对身体不好，交通也不安全。我上网看了看下周的天气预报，周三有小雨，其他几天都是多云转晴。温度跟往年这个时候差不多，8到19度。东北风三到四级。中午还可以，早晚会有点儿冷。
　　我现在真想念夏天，可以游泳。不过，夏天又太热了，也许到了夏天又会想念冬天了。说实话，我最喜欢的还是秋天，树叶变成了金黄色、火红色，多浪漫啊。春天也不错，不冷也不热，树叶绿绿的，到处都充满希望。
　　哎，这么说，四个季节我都喜欢啊。

(Luóbótè shuō)
　　Jīntiān wù tài dà le, kōngqì bù hǎo, bù néng chūqu wánr le. Dà wù tiānqì bùguāng duì shēntǐ bù hǎo, jiāotōng yě bù ānquán. Wǒ shàngwǎng kànle kan xiàzhōu de tiānqì yùbào, zhōusān yǒu xiǎoyǔ, qítā jǐ tiān dōu shì duōyún zhuǎn qíng. Wēndù gēn wǎngnián zhè ge shíhou chàbuduō, bā dào shíjiǔ dù. Dōng-běifēng sān dào sì jí. Zhōngwǔ hái kěyǐ, zǎo wǎn huì yǒudiǎnr lěng.

Wǒ xiànzài zhēn xiǎngniàn xiàtiān, kěyǐ yóuyǒng. Búguò, xiàtiān yòu tài rè le, yěxǔ dàole xiàtiān yòu huì xiǎngniàn dōngtiān le. Shuō shíhuà, wǒ zuì xǐhuan de háishi qiūtiān, shùyè biànchéngle jīnhuángsè, huǒhóngsè, duō làngmàn a. Chūntiān yě búcuò, bù lěng yě bú rè, shùyè lǜlǜ de, dàochù dōu chōngmǎn xīwàng.

Āi, zhème shuō, sì ge jìjié wǒ dōu xǐhuan a.

注释　　Notes　　주석

一、恐怕下了好半天了

"恐怕"表示估计、推测不好的事物出现。有时也有担心的意思。例如：
"恐怕"indicates one's guess or sometimes one's worry about something. e.g.
恐怕는 추측을 나타내며 어떤 때는 걱정함을 나타내기도 한다. 예를 들면：

(1) 我恐怕明天不能来了。
(2) 恐怕要下雨，带上伞吧。
(3) 三千块钱恐怕不够，再拿上两千吧。

二、有雪才算是真正的冬天

"算是"在这里的意思是可以当做。也说"算"。例如：
"算是" means "can be regarded as or considered as", or we can say "算". e.g.
여기에서의 算是는 …로 삼는다…로 여긴다의 뜻이다. 또한 炬이라고도 한다. 예를 들면：

(1) 你比我小，就算是我的小妹妹吧。
(2) 出了国才算是真正独立了，不再依靠父母。

三、得了吧，夏天你又会说太热了，希望冬天快点儿来

"得了吧"，表示不相信、怀疑或否定。例如：
"得了吧"carries the mood of disbelief, doubt or negation. e.g.

得了吧는 믿지 않는다거나, 의심 혹은 부정을 나타낸다. 예를 들면:
(1) A：我才不喜欢逛街呢。
　　B：得了吧，我昨天还看见你去逛了呢。
(2) A：周末去爬山吧？
　　B：得了吧，你忘了？以前一爬山你就喊累。

练习　Exercises　연습문제

一、朗读句子／Please read aloud／정확한 발음과 성조로 아래의 예문을 읽으시오

1. 你们快来看啊！外面下雪了。
2. 恐怕下了好半天了。
3. 瞧！地面上、树枝上、楼顶上，白茫茫一片，真好看。
4. 有雪才算是真正的冬天。
5. 周三有小雨，其他几天多云转晴。
6. 我现在真想念夏天，可以游泳，多舒服啊！
7. 说实话，我最喜欢的还是春天，不冷也不热，树叶绿绿的，到处都充满希望。
8. 秋天才漂亮呢！树叶变成了金黄色、火红色，多浪漫啊！

二、回答问题／Please answer the questions／다음 문제에 답하시오

1. 为什么这两年冬天下雪不多？
2. 电影《后天》、《地球大战》讲的是什么故事？
3. 为什么雾天最好别出去？
4. 罗伯特最喜欢什么季节？
5. 为什么海伦喜欢秋天？

三、扩展／Accumulating／확장연습

气候不正常	气候反常	行为反常	精神异常	情绪失常
空气污染	噪音污染	水质污染	文化污染	污染环境
充满希望	充满爱心	充满幻想	充满信心	充满欢乐

四 替换 / Substitution and extension / 변환 연습

1. 这两年 冬天的温度一直比较高。

   | 最近 | 他的身体 | 不太好 |
   | 二十年来 | 两国的关系 | 非常好 |

2. 太可怕了，简直不能想象气候变化会带来那么大的灾难！

   | 美 | 漂亮的景色会给人们带来多大的惊喜 |
   | 精彩 | 激烈的比赛会给人们带来多大的快乐 |

3. 大雾天气不光对身体不好，交通也不安全啊！

   | 天天吃快餐 | 价格也不便宜啊 |
   | 吸烟 | 空气也不好啊 |

4. 中午还可以，早晚会有点儿冷。

   | 味道 | 价钱 | 贵 |
   | 质量 | 颜色 | 单调 |

5. 秋天才漂亮呢！树叶变成了金黄色、火红色，多浪漫啊！

   | 春天 | 冰雪化了，树叶绿了 | 处处充满希望 |
   | 下雪 | 到处白茫茫一片 | 多纯洁啊 |

五 情境实践 / Situation practice / 상황 연습

1. 什么时候开始下雪的？ （恐怕）
2. 听说今年夏天美国中西部雨下得特别大？ （损失）
3. 她最近为什么没来上课？ （怎么回事）
4. 为什么这几年地球的气候变化太大了？ （环境）
5. 天气预报说今天天气怎么样？ （转）
6. 你喜欢春天吗？ （充满）
7. 济南的秋天怎么样？ （变成）

(六) 交际任务 / Intercommunication practice / 역할 연습

谈谈你喜欢什么季节。

(七) 补充词语 / Over the vocabulary / 보충단어

人工降雪　　雨加雪　　雪灾　　暴雨　　洪水　　沙尘暴　　黄色预警　　台风
温室效应　　充满生机　　充满诗意　　多情　　伤感　　丰收
收获　　　打雪仗　　堆雪人　　防滑链　　除雪车

第十八课　学习汉语的原因
Lesson Eighteen　Reasons for learning Chinese
제 18 과　중국어를 배우는 까닭

生词　NEW WORDS　새로 나온 단어

1.	简单	jiǎndān	（形）	simple	간단하다
2.	高中	gāozhōng	（名）	high school	고등학교
3.	尤其	yóuqí	（副）	especially	특히. 더욱이
4.	决定	juédìng	（动）	to decide	결정하다
5.	专业	zhuānyè	（名）	major; specialty	전공
6.	好奇	hàoqí	（形）	curious	호기심이 많다
7.	兴趣	xìngqù	（名）	interest	흥미. 흥취
8.	发展	fāzhǎn	（动）	to develop	발전하다
9.	按照	ànzhào	（介）	according to	…에 따라…에 비추어
10.	愿望	yuànwàng	（名）	will; what one desires to do; wish	바람. 희망
11.	系	xì	（名）	department in a university	（전공의）과
12.	动机	dòngjī	（名）	motive; motivation	동기
13.	老家	lǎojiā	（名）	hometown	고향(집)
14.	滑	huá	（形）	slippery	미끄럽다. 미끄러지다

第十八课　学习汉语的原因

15.	摔倒	shuāidǎo	（动）	to fall down; to slip	넘어지다
16.	数量	shùliàng	（名）	quantity; number	수량
17.	上升	shàngshēng	（动）	to increase	상승하다
18.	因素	yīnsù	（名）	elements; factors	구성요소

一、学习汉语的原因
Part One Reasons for learning Chinese
회화 1. 중국어를 배우는 까닭

(李知恩、罗伯特、海伦、朴大佑谈学习汉语的原因)
(Lee Ji-en, Robert, Helen and Park Dea-wu are talking about reasons for learning Chinese)
(이지은, 로버트, 헬렌, 박대우가 중국어를 배우는 까닭에 대하여 얘기하다)

李知恩：　我学习汉语的原因很简单,上高中的时候,我很喜欢看中国电影,尤其喜欢电影里的明星,所以决定上大学的时候选择中文专业。

罗伯特：　在我们国家,有人说汉语是世界上最难的语言,我就不相信,所以选择了学汉语。

海　伦：我呢，没有特别的目的，开始只是对汉语好奇，谁知越学越感兴趣，所以就到中国来了。

朴大佑：中国的经济发展得越来越快，跟我们国家的交流也越来越多，我父亲的公司跟中国有生意上的联系，中学毕业的时候，我按照父亲的愿望上了中文系。

李知恩：听你的口气，学习汉语不是你自己的选择了？

朴大佑：也可以这么说。

李知恩：我的一位朋友学习汉语的动机也挺有意思的，就因为有一次他听到中国人说汉语的声音非常好听，他就决定也要学习汉语。

Lǐ Zhī'ēn： Wǒ xuéxí Hànyǔ de yuányīn hěn jiǎndān, shàng gāozhōng de shíhou, wǒ hěn xǐhuan kàn Zhōngguó diànyǐng, yóuqí xǐhuan diànyǐng li de míngxīng, suǒyǐ juédìng shàng dàxué de shíhou xuǎnzé Zhōngwén zhuānyè.

Luóbótè： Zài wǒmen guójiā, yǒu rén shuō Hànyǔ shì shìjiè shang zuì nán de yǔyán, wǒ jiù bù xiāngxìn, suǒyǐ xuǎnzéle xué Hànyǔ.

Hǎilún： Wǒ ne, méiyǒu tèbié de mùdì, kāishǐ zhǐshì duì Hànyǔ hàoqí, shéi zhī yuè xué yuè gǎn xìngqu, suǒyǐ jiù dào Zhōngguó lái le.

Piáo Dàyòu： Zhōngguó de jīngjì fāzhǎn de yuèláiyuè kuài, gēn wǒmen guójiā de jiāoliú yě yuèláiyuè duō, wǒ fùqīn de gōngsī gēn Zhōngguó yǒu shēngyi shang de liánxì, zhōngxué bìyè de shíhou, wǒ ànzhào fùqīn de yuànwàng shàngle Zhōngwén xì.

Lǐ Zhī'ēn： Tīng nǐ de kǒuqì, xuéxí Hànyǔ bú shì nǐ zìjǐ de xuǎnzé le?

Piáo Dàyòu： Yě kěyǐ zhème shuō.

Lǐ Zhī'ēn： Wǒ de yí wèi péngyou xuéxí Hànyǔ de dòngjī yě tǐng yǒu yìsi de, jiù yīnwèi yǒu yí cì tā tīngdào Zhōngguórén shuō Hànyǔ de shēngyīn fēicháng hǎotīng, tā jiù juédìng yě yào xuéxí Hànyǔ.

第十八课 学习汉语的原因

(李知恩说)

我学习汉语的原因很简单,上高中的时候,我很喜欢看中国电影,尤其喜欢电影里的明星,所以决定上大学的时候选择中文专业。罗伯特说,在他们国家,有人说汉语是世界上最难的语言,他就不信,所以选择了学汉语。海伦说她学习汉语没有特别的目的,开始只是对汉语好奇,谁知越学越感兴趣,所以就到中国来了。朴大佑说,中国的经济发展得越来越快,跟他们国家的交流也越来越多,他父亲的公司跟中国有生意上的联系,中学毕业的时候,他按照父亲的愿望上了中文系。

(Lǐ Zhī'ēn shuō)

Wǒ xuéxí Hànyǔ de yuányīn hěn jiǎndān, shàng gāozhōng de shíhou, wǒ hěn xǐhuan kàn Zhōngguó diànyǐng, yóuqí xǐhuan diànyǐng li de míngxīng, suǒyǐ juédìng shàng dàxué de shíhou xuǎnzé Zhōngwén zhuānyè. Luóbótè shuō, zài tāmen guójiā, yǒu rén shuō Hànyǔ shì shìjiè shang zuì nán de yǔyán, tā jiù bú xìn, suǒyǐ xuǎnzéle xué Hànyǔ. Hǎilún shuō tā xuéxí Hànyǔ méiyǒu tèbié de mùdì, kāishǐ zhǐshì duì Hànyǔ hàoqí, shéi zhī yuè xué yuè gǎn xìngqu, suǒyǐ jiù dào Zhōngguó lái le. Piáo Dàyòu shuō, Zhōngguó de jīngjì fāzhǎn de yuèláiyuè kuài, gēn tāmen guójiā de jiāoliú yě yuèláiyuè duō, tā fùqīn de gōngsī gēn Zhōngguó yǒu shēngyi shang de liánxì, zhōngxué bìyè de shíhou, tā ànzhào fùqīn de yuànwàng shàngle Zhōngwén xì.

Èr、Wáng Líng jīntiān zěnme méi lái shàngbān?
二、王玲今天怎么没来上班?

Part Two Why didn't Wang Ling come to work today?

회화 2. 왕령이 오늘은 왜 출근하지 않았습니까?

李 林:王玲今天怎么没来上班?
同 事:她父亲出交通事故住院了,她去医院照顾她父亲了。
李 林:她父亲不是刚从老家来吗?这是怎么回事?

同　事：昨天晚上不是刚下了一场大雪吗？路很滑，她父亲早上出去买早饭，不小心摔倒了，结果被一辆车撞了。

李　林：怎么那么不巧啊！伤得严重吗？

同　事：现在还不太清楚，听说今天下午做手术。

李　林：最近几年汽车越来越多，交通事故的数量也上升了。

同　事：是啊，汽车多了，不安全的因素也多了，所以开车的应该遵守交通规则，行人也更要注意安全。

（在办公室）
(In the office)
（사무실에서）

Lǐ Lín：Wáng Líng jīntiān zěnme méi lái shàngbān?

Tóngshì：Tā fùqin chū jiāotōng shìgù zhùyuàn le, tā qù yīyuàn zhàogù tā fùqin le.

Lǐ Lín：Tā fùqin bú shì gāng cóng lǎojiā lái ma? Zhè shì zěnme huíshì?

Tóngshì：Zuótiān wǎnshang bú shì gāng xiàle yì chǎng dàxuě ma? Lù hěn huá, tā fùqin zǎoshang chūqu mǎi zǎofàn, bù xiǎoxīn shuāidǎo le, jiéguǒ bèi yí liàng chē zhuàng le.

Lǐ Lín：Zěnme nàme bùqiǎo a! Shāng de yánzhòng ma?

Tóngshì：Xiànzài hái bú tài qīngchu, tīngshuō jīntiān xiàwǔ zuò shǒushù.

Lǐ Lín：Zuìjìn jǐ nián qìchē yuèláiyuè duō, jiāotōng shìgù de shùliàng yě shàngshēng le.

第十八课　学习汉语的原因

Tóngshì: Shì a, qìchē duō le, bù ānquán de yīnsù yě duō le, suǒyǐ kāichē de yīnggāi zūnshǒu jiāotōng guīzé, xíngrén yě gèng yào zhùyì ānquán.

（李林说）

王玲的父亲出交通事故住院了，她去医院照顾她父亲，所以今天没来上班。

昨天晚上刚下了一场大雪，路很滑，她父亲早上出去买早饭，不小心摔倒了，结果被一辆车撞了，听说今天下午做手术。

最近几年汽车越来越多，交通事故也上升了。开车的应该遵守交通规则，行人也更要注意安全。

（Lǐ Lín shuō）

Wáng Líng de fùqin chū jiāotōng shìgù zhùyuàn le, tā qù yīyuàn zhàogù tā fùqin, suǒyǐ jīntiān méi lái shàngbān.

Zuótiān wǎnshang gāng xiàle yì chǎng dàxuě, lù hěn huá, tā fùqin zǎoshang chūqu mǎi zǎofàn, bù xiǎoxīn shuāidǎo le, jiéguǒ bèi yí liàng chē zhuàng le, tīngshuō jīntiān xiàwǔ zuò shǒushù.

Zuìjìn jǐ nián qìchē yuèláiyuè duō, jiāotōng shìgù yě shàngshēng le. Kāichē de yīnggāi zūnshǒu jiāotōng guīzé, xíngrén yě gèng yào zhùyì ānquán.

 表达　Expressions　표현다루기

一、开始只是对汉语好奇，谁知越学越感兴趣，所以就到中国来了

"谁知"是没想到的意思。例如：
"谁知" means not having expected or thought about something. e.g.
谁知는 생각하지 못했다의 뜻이다. 예를 들면:

(1) 本来好好的，谁知他突然哭了起来。
(2) 谁知下起雨来了。
(3) 我觉得考得不错，谁知却不及格。

二、听你的口气，学习汉语不是你自己的选择了

"听……的口气"，根据对方所说的，判断对方想说而没说出口的话。例如：

"听……的口气" means judging what the partner wants to say but hasn't said yet according to what is mentioned before. e.g.

듣…의 口气는 상대방의 말에 근거해서 상대방이 말하고자 했으되 말하지 못한 말을 판단하는 것이다. 예를 들면:

(1) A：我想买冰箱，可是钱不够。
    B：听你的口气，想跟我借钱吗?
(2) 听他的口气，我们不应该去麻烦他。
(3) 听妈妈的口气，她不希望和我们住在一起。

三、她父亲不是刚从老家来吗？这是怎么回事

"怎么回事"，表示询问情况。有时候表示质问。例如：

"怎么回事" is used to ask for information and sometimes it indicates interrogation. e.g.

怎么会事?는 정황을 묻는 것이며 어떤 때는 질문을 표시하기도 한다. 예를 들면:

(1) 听说前边发生交通事故了，是怎么回事?
(2) 你这个人怎么回事？这么大的事也不商量一下儿?

练习 Exercises 연습문제

一 朗读句子 / Please read aloud / 정확한 발음과 성조로 아래의 예문을 읽으시오

1. 我很喜欢看中国电影，尤其喜欢电影里的明星。
2. 在我们国家，有人说汉语是世界上最难的语言，我就不相信，所以选择了学汉语。
3. 我呢，没有特别的目的，开始只是对汉语好奇，谁知越学越感兴趣，所以就到中国来了。
4. 我父亲的公司跟中国有生意上的联系，中学毕业的时候，我按照父亲的愿望上了中文系。
5. 昨天晚上不是刚下了一场大雪吗?
6. 怎么那么不巧啊!
7. 开车的应该遵守交通规则，行人也更要注意安全。

二 回答问题 / Please answer the questions / 다음 문제에 답하시오

1. 李知恩学习汉语的原因是什么?
2. 为什么罗伯特要学习汉语?
3. 谁希望朴大佑学习汉语?
4. 王玲今天为什么没有来上班?
5. 王玲的父亲刚从哪儿来?
6. 王玲的父亲怎么了?

三 扩展 / Accumulating / 확장연습

简单　　简简单单　　简单一点儿　　有点儿简单
特别的目的　　　没有目的　　　目的明确
对……好奇　　感到好奇　　好奇得很　　十分好奇
生意上　　　学习上　　　生活上　　　感情上　　　工作上
上了中文系　　上了中学　　上了博士　　上了本科
不小心　　一不小心　　小心一点儿　　太不小心了
不巧　　　碰巧　　　巧得很　　　真巧

四 替换 / Substitution and extension / 변환 연습

1. <u>我很喜欢看中国电影</u>, 尤其 <u>喜欢电影里的明星</u>。

   | 你写的汉字都很漂亮 | 是第三个字 |
   | 你做的菜都很好吃 | 是糖醋里脊 |

2. <u>开始只是对汉语好奇</u>, 谁知 <u>越学越感兴趣</u>。

   | 我原来以为是他 | 是你找我啊 |
   | 天气预报说今天下雨 | 却出太阳了 |

3. <u>昨天晚上</u> 不是 <u>刚下了一场大雪</u> 吗?

   | 你 | 从老家回来了 |
   | 他 | 已经毕业了 |

4. 不小心摔倒了， 结果 被一辆车撞了。

> 我又迟到了　　　被老师批评了
> 我借的书过期了　　被罚了十块钱

五 情境实践 / Situation practice / 상황 연습

1. 你开始学习汉语的时候是因为好奇吗？　　　　　　　　　　（谁知）
2. 中国的经济发展得快不快？　　　　　　　　　　　　　　　（越来越）
3. 你的朋友学习汉语的动机是什么？　　　　　　　　　　　　（挺……的）
4. 昨天晚上天气怎么样？　　　　　　　　　　　　　　　　　（不是……吗）

六 交际任务 / Intercommunication practice / 역할 연습

说一说你学汉语的原因。

七 补充词语 / Over the vocabulary / 보충단어

交通事故　堵车　车祸　交通警察　执勤　驾驶员　驾照
高速公路　国道　马路　立交桥　停车场
红绿灯　人行横道线　机动车道　非机动车道　刹车　长途汽车
私家车　汽油费　养路费　罚款　违章

第十九课 你们家装修得真漂亮
Lesson Nineteen Your house is furnished so beautifully
제 19 과 당신 집은 정말 아름답게 꾸며졌습니다

生词 NEW WORDS 새로 나온 단어

1.	装修	zhuāngxiū	(动)	to furnish	내장공사를 하다
2.	随便	suíbiàn	(副)	feel free to do sth.; be at will	마음대로. 좋을대로
3.	朝	cháo	(介)	face somewhere	…를 향하여
4.	阳	yáng	(名)	the sun	태양
5.	其中	qízhōng	(名)	among; within	그 중에
6.	利用	lìyòng	(动)	to make use of	이용하다
7.	西边	xībian	(名)	west	서쪽
8.	墙	qiáng	(名)	wall	담
9.	书橱	shūchú	(名)	bookcase	책장
10.	设计	shèjì	(动)	to design	설계하다
11.	光线	guāngxiàn	(名)	sunlight	광선
12.	布置	bùzhì	(动)	to arrange	배치. 배열
13.	风格	fēnggé	(名)	style	풍격
14.	现代	xiàndài	(名)	modern	현대의

15.	窗帘	chuānglián	（名）	curtain	커튼
16.	颜色	yánsè	（名）	color	색깔. 색채
17.	配	pèi	（动）	to match sth.; to fit	…에 어울리다…의 자격이 있다
18.	顾	gù	（动）	to attend to; to focus on	…에 정신을 쏟다
19.	厨房	chúfáng	（名）	kitchen	주방
20.	餐厅	cāntīng	（名）	dining room	식당
21.	沙发	shāfā	（名）	sofa	소파
22.	爱人	àiren	（名）	husband or wife; spouse	아내. 남편
24.	嫂子	sǎozi	（名）	sister-in-law	형수. 아주머니

Yī. Nǐmen jiā zhuāngxiū de zhēn piàoliang

一、你们家装修得真漂亮

Part One Your house is furnished so beautifully

회화 1. 당신 집은 정말 아름답게 꾸며졌습니다

(在刘老师家)
(In Mr. Liu's house)
(류선생집에서)

第十九课　你们家装修得真漂亮

刘老师：欢迎你们，快请进！
同事一：哇，你们家装修得真漂亮，参观参观可以吗？
刘老师：有什么不可以的？随便参观。
同事一：怎么，不顺便帮我们介绍介绍？
刘老师：当然要介绍，跟我来。这边是两个卧室，一个书房，都朝阳，外面是阳台。
同事二：你们家的阳台好大啊！
刘老师：是呀，两个阳台是连在一起的，我就把其中一个利用了起来，靠西边墙上打了个书橱。
同事一：真不错，坐在阳台上喝个咖啡，看个书，要多舒服有多舒服。
同事二：谁说不是呢？
刘老师：朝这边走就是客厅了。
同事二：客厅的设计也很合理，东边有个大窗户，光线很好。
同事一：布置的风格很现代，窗帘也很漂亮，和家具的颜色很配。
刘老师：别光顾着看，我们去客厅喝点儿东西。

Liú lǎoshī: Huānyíng nǐmen, kuài qǐng jìn!
Tóngshì yī: Wā, nǐmen jiā zhuāngxiū de zhēn piàoliang, cānguān cānguān kěyǐ ma?
Liú lǎoshī: Yǒu shénme bù kěyǐ de? Suíbiàn cānguān.
Tóngshì yī: Zěnme, bú shùnbiàn bāng wǒmen jièshào jièshao?
Liú lǎoshī: Dāngrán yào jièshao, gēn wǒ lái. Zhè biān shì liǎng ge wòshì, yí ge shūfáng, dōu cháoyáng, wàimian shì yángtái.
Tóngshì èr: Nǐmen jiā de yángtái hǎo dà a!
Liú lǎoshī: Shì ya, liǎng ge yángtái shì liánzài yìqǐ de, wǒ jiù bǎ qízhōng yí ge lìyòngle qǐlai, kào xībian qiángshang dǎle ge shūchú.
Tóngshì yī: Zhēn búcuò, zuòzài yángtái shang hē ge kāfēi, kàn ge shū, yào duō shūfu yǒu duō shūfu.
Liú lǎoshī: Shéi shuō bú shì ne?
Tóngshì èr: Cháo zhè biān zǒu jiùshì kètīng le.
Liú lǎoshī: Kètīng de shèjì yě hěn hélǐ, dōngbian yǒu ge dà chuānghu, guāngxiàn hěn hǎo.

Tóngshì yī : Bùzhì de fēnggé hěn xiàndài, chuānglián yě hěn piàoliang, hé jiājù de yánsè hěn pèi.

Liú lǎoshī : Bié guāng gùzhe kàn, wǒmen qù kètīng hē diǎn dōngxi.

（同事说）
　　我的同事刘老师买了一套新房子，我和一个同事一起去参观了一下儿。房子很大，三室两厅两卫。卧室、书房都朝阳。房子装修得很漂亮，设计很合理，布置得也很现代。我们都很喜欢他们家的大阳台，可以当做一个休闲的空间，要多舒服有多舒服，真让人羡慕。

（Tóngshì shuō）
　　Wǒ de tóngshì Liú lǎoshī mǎile yí tào xīn fángzi, wǒ hé yí ge tóngshì yìqǐ qù cānguānle yíxiàr. Fángzi hěn dà, sān shì liǎng tīng liǎng wèi. Wòshì, shūfáng dōu cháoyáng. Fángzi zhuāngxiū de hěn piàoliang, shèjì hěn hélǐ, bùzhì de yě hěn xiàndài. Wǒmen dōu hěn xǐhuan tāmen jiā de dà yángtái, kěyǐ dàngzuò yí ge xiūxián de kōngjiān, yào duō shūfu yǒu duō shūfu, zhēn ràng rén xiànmù.

Èr. Chúfáng zài cāntīng de lǐbian
二、厨房 在餐厅的里边
Part Two　The kitchen is in the dining room
회화 2. 주방은 식당의 안쪽에 있습니다

（在刘老师家）
(In Mr. Liu's house)
（류선생집에서）

第十九课　你们家装修得真漂亮

刘老师：快请坐。
同事一：这沙发真舒服，颜色也很好。
同事二：对了，我们还没参观厨房呢。
刘老师：别着急，厨房在餐厅的里边，我们一会儿再看。先喝点儿东西。
同事一：你还别说，还真有点儿渴了。
刘老师：我爱人还特意准备了一些酒菜呢，今天你们一定要在这儿吃完饭再走。
同事一：对了，你爱人呢？
刘老师：她公司有事，准备完饭菜就走了。
同事一：嫂子不在，真遗憾。
刘老师：有什么好遗憾的，我们正好可以喝个痛快。

Liú lǎoshī：Kuài qǐng zuò.
Tóngshì yī：Zhè shāfā zhēn shūfu, yánsè yě hěn hǎo.
Tóngshì èr：Duìle, wǒmen hái méi cānguān chúfáng ne.
Liú lǎoshī：Bié zháojí, chúfáng zài cāntīng de lǐbian, wǒmen yíhuìr zài kàn. Xiān hē diǎnr dōngxi.
Tóngshì yī：Nǐ hái bié shuō, hái zhēn yǒu diǎnr kě le.
Liú lǎoshī：Wǒ àiren hái tèyì zhǔnbèile yìxiē jiǔcài ne, jīntiān nǐmen yídìng yào zài zhèr chīwán fàn zài zǒu.
Tóngshì yī：Duìle, nǐ àiren ne?
Liú lǎoshī：Tā gōngsī yǒushì, zhǔnbèi wán fàncài jiù zǒu le.
Tóngshì yī：Sǎozi bú zài, zhēn yíhàn.
Liú lǎoshī：Yǒu shénme hǎo yíhàn de, wǒmen zhènghǎo kěyǐ hē ge tòngkuài.

（刘老师说）
　　今天是星期天，家里来了两位客人，他们都是我的同事，来看我们的新家。我爱人公司今天有点儿事，她一大早起来为我们准备了一些酒菜，就去上班了。不过这样也好，她不在，我们几个正好可以在家喝个痛快。

（Liú lǎoshī shuō）

　　Jīntiān shì xīngqītiān, jiāli láile liǎng wèi kèren, tāmen dōu shì wǒ de tóngshì, lái kàn wǒmen de xīnjiā. Wǒ àiren gōngsī jīntiān yǒudiǎnr shì, tā yídàzǎo qǐlai wèi wǒmen zhǔnbèile yìxiē jiǔcài, jiù qù shàngbān le. Búguò zhèyàng yě hǎo, tā bú zài, wǒmen jǐ ge zhènghǎo kěyǐ zài jiā hē ge tòngkuai.

表达　Expressions　표현다루기

一、有什么不可以的? 随便参观

"有什么不可以的" 意思是当然可以。例如:
"有什么不可以的" means certainly, of course. e.g.
有什么不可以的? 의 뜻은 당연히 가능하다의 의미이다. 예를 들면:
(1) A:我可以用用你的辞典吗?
　　B:有什么不可以的,你用吧。
(2) A:我可以坐在这里吗?
　　B:有什么不可以的,随便坐。

二、怎么,不顺便帮我们介绍介绍

"怎么"引出询问的问题。例如:
"怎么" is to introduce the question. e.g.
怎么는 문제에 대한 물음을 이끌어 낸다. 예를 들면:
(1) 怎么,你今天不舒服吗?
(2) 怎么,你没去参加比赛吗?

三、真不错,坐在阳台上喝个咖啡,看个书,要多舒服有多舒服

"要多……有多……"意思是"非常……",就像所希望或想象的那样。例如:
"要多……有多……" means "very much", just as one hoped or imagined. e.g.
要多…有多의 뜻은 <정말 대단히…하다>의 뜻이다, 예를 들면:
(1) 那个模特儿要多漂亮有多漂亮。
(2) 这个问题要多容易有多容易。

四、别光顾着看，我们去客厅喝点儿东西

"光顾着……"只注意或专心做某事。例如：

"光顾着……"means only caring about sth. or doing sth. attentively. e.g.

광고착는 오직 모종의 일에만 주의를 쏟거나 전념하여 일을 한다는 뜻이다. 예를 들면：

(1) 别光顾着说话，快吃点儿水果。
(2) 我光顾着看书了，忘了约会的时间。

五、你还别说，还真有点儿渴了

"你还别说"是插入语，表示确认某种说法或事实，提醒人们注意。有时确认的说法或事实是不能从表面或常理来推断，有出人意料的语气。例如：

"你还别说" is a parenthesis and is used to confirm some statement or fact to remind people of something. Sometimes the confirmed statement or fact can't be inferred from the surface of things or common sense. It indicates a surprising tone. e.g.

你还别说는 삽입어로서, 모종의 말이나 일에 대한 확인을 나타내며, 사람들의 주의를 일깨우는 것이다. 어떤 때는 확인한 말이나 일이 표면상으로나 일반 상리로는 추측할 수 없으며, 사람들의 예상을 벗어나는 어기를 띠기도 한다. 예를 들면：

(1) 你还别说，这件衣服你穿真的很漂亮。
(2) 你还别说，这个孩子的字写得还真不错。
(3) 这种水果看起来一般，你还别说，吃起来味道还不错。

 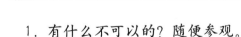 练习　Exercises　연습문제

一、朗读句子／Please read aloud／ 정확한 발음과 성조로 아래의 예문을 읽으시오

1. 有什么不可以的？随便参观。
2. 真不错，坐在阳台上喝个咖啡，看个书，要多舒服有多舒服。
3. 布置的风格很现代，窗帘也很漂亮，和家具的颜色很配。
4. 别光顾着看，我们去客厅喝点儿东西。
5. 你还别说，还真有点儿渴了。
6. 我爱人还特意准备了一些酒菜呢，今天你们一定要在这儿吃完饭再走。
7. 有什么好遗憾的，我们正好可以喝个痛快。

二、回答问题 / Please answer the questions / 다음 문제에 답하시오

1. 同事们觉得刘老师家的房子怎么样？
2. 刘老师家共有几个房间朝阳？
3. 新房子的布置风格怎么样？
4. 同事们都喜欢刘老师家的什么？为什么？
5. 刘老师家的厨房在什么地方？
6. 刘老师和他的同事去哪里吃饭？是谁准备的？
7. 刘老师的爱人为什么没在家？
8. 爱人不在家，刘老师为什么说不遗憾？

三、扩展 / Accumulating / 확장연습

装修房子　　房子装修得很漂亮　　把房子装修得很漂亮
介绍介绍　　帮我们介绍介绍　　　介绍一下儿
布置房间　　布置作业　　布置布置　　布置一下儿
准备酒菜　　准备一些酒菜　　特意准备一些酒菜
真遗憾　　　太遗憾了　　遗憾极了
喝个痛快　　玩个痛快　　唱个痛快

四、替换 / Substitution and extension / 변환 연습

1. <u>你们家</u> <u>装修得真漂亮</u>，<u>参观参观</u>可以吗？

| 你的房间 | 布置 | 参观参观 |
| 你的头发 | 弄 | 教教我 |

2. 怎么，<u>不顺便帮我们介绍介绍</u>？

| 不准备参加考试了 |
| 想去北京旅行 |

3. <u>坐在阳台上喝个咖啡，看个书</u>，要多<u>舒服</u>有多<u>舒服</u>。

| 这件衣服穿在她身上 | 漂亮 | 漂亮 |
| 这是妈妈最拿手的菜 | 好吃 | 好吃 |

4. 朝这边走就是客厅了。

| 前走 | 银行 |
| 左拐 | 我家 |

5. 别光顾着看，我们去客厅喝点儿东西。

| 说话 |
| 问我的事 |

6. 你还别说，还真有点儿渴了。

| 这张照片你拍得还真不错 |
| 那个孩子还真挺聪明的 |

7. 她公司有事，准备完饭菜就走了。

| 接了电话 |
| 还没来得及说话 |

8. 有什么好遗憾的，我们正好可以喝个痛快。

| 伤心 | 每个人都会遇到这种事 |
| 高兴 | 真正考试的时候还不知道怎么样呢 |

五、情境实践 / Situation practice / 상황 연습

1. 最近工作怎么样？　　　　　　　　　　　　　（要多……有多……）
2. 买房子要买个离单位近、离孩子的学校近、交通又方便的。（谁说不是呢）
3. 最近几天我真倒霉。　　　　　　　　　　　　（怎么，……）
4. 来泰山没看到日出，真遗憾。　　　　　　　　（有什么好……的）
5. 我已经给你打了三个电话了，你没听见吗？　　（光顾着……）
6. 这个木盒子是明代的，我花了五千块买的，不错吧。　（你还别说）

六、交际任务 / Intercommunication practice / 역할 연습

说一说自己家房子的布置。

七、补充词语 / Over the vocabulary / 보충단어

平米　卫生间　洗衣间　储藏室

涂料　瓷砖　家具　橱柜　餐桌　电视机柜　背景墙　隔断　壁橱　鞋柜
衣柜　五斗柜　双人床　单人床　床头柜　台灯　电脑桌　书橱　书架
沙发　窗户　百叶窗　暖气片　吧台　油烟机　煤气灶　排气扇　插座
复式　别墅　公寓　小区　开发商　物业　楼盘　经济适用房　两限房
高层　小高层　板楼　楼梯　电梯　物业管理费　保安　车库　车位
停车场　绿化带

第二十课 你什么时候再来中国？
Lesson Twenty When will you come to China again?
제 20 과 당신은 언제 다시 중국에 옵니까?

生词 NEW WORDS 새로 나온 단어

1.	学业	xuéyè	（名）	study	학업
2.	提高	tígāo	（动）	to improve	제고하다. 향상시키다
3.	继续	jìxù	（动）	to pursue; to continue	계속하다
4.	理想	lǐxiǎng	（名）	ideal; dream	이상적이다
5.	实现	shíxiàn	（动）	to come true; to realize	실현하다
6.	打扰	dǎrǎo	（动）	to excuse me	폐를 끼치다
7.	合影	hé yǐng		to take a group photo	단체사진
8.	记者	jìzhě	（名）	journalist	기자
9.	接受	jiēshòu	（动）	to receive	받아 들이다. 수락하다
10.	采访	cǎifǎng	（动）	to interview	취재
11.	感想	gǎnxiǎng	（名）	feeling	감상
12.	一方面…一方面…	yìfāngmiàn…yìfāngmiàn…		on the one hand…on the other hand…	한편으로 …하면서 한편으로…하다
13.	离开	líkāi	（动）	to leave	떠나다
14.	热情	rèqíng	（形）	kind; hospitable	열정. 의욕. 열의
15.	永远	yǒngyuǎn	（副）	forever	영원하다

16.	忘不了	wàngbuliǎo		to remember	잊을 수 없다
17.	贸易	màoyì	(名)	trade	무역
18.	有关	yǒuguān	(介)	about; concerning	…과 관계가 있다
19.	将来	jiānglái	(名)	in the future	장래
20.	过奖	guòjiǎng	(形)	thanks	과찬이십니다
21.	感受	gǎnshòu	(名)	impression	인상. 느낌. 체험
22.	重要	zhòngyào	(形)	important	중요하다
23.	另一半	lìngyíbàn		husband or wife	나머지 반쪽(배우자)
24.	恭喜	gōngxǐ	(动)	to congratulate	축하합니다

Yī. Nǐ shénme shíhou zài lái Zhōngguó?

一、你什么时候再来 中国?

Part One　When will you come to China again?

회화 1. 당신은 언제 다시 중국에 옵니까?

(结业晚会)
(At the graduation ceremony)
(졸업파티)

第二十课　你什么时候再来中国？

刘老师：知恩，祝贺你顺利完成学业。
李知恩：刘老师，谢谢您！您的课非常有意思，我的汉语水平提高得很快。
刘老师：别这么说，都是你自己努力的结果，你什么时候再来中国？
李知恩：我明年还会再回来的，我打算在中国继续读研究生呢。
刘老师：是吗？读什么专业？
李知恩：汉语专业，我的理想是当一名汉语老师。
刘老师：现在学汉语的外国人越来越多，你的理想一定会实现的。
海　伦：对不起，打扰了，知恩，我们和老师一起合个影吧？

Liú lǎoshī：Zhī'ēn, zhùhè nǐ shùnlì wánchéng xuéyè.
Lǐ Zhī'ēn：Liú lǎoshī, xièxie nín! Nín de kè fēicháng yǒu yìsi, wǒ de Hànyǔ shuǐpíng tígāo de hěn kuài.
Liú lǎoshī：Bié zhème shuō, dōu shì nǐ zìjǐ nǔlì de jiéguǒ, nǐ shénme shíhou zài lái Zhōngguó?
Lǐ Zhī'ēn：Wǒ míngnián hái huì zài huílai de, wǒ dǎsuàn zài Zhōngguó jìxù dú yánjiūshēng ne.
Liú lǎoshī：Shì ma? Dú shénme zhuānyè?
Lǐ Zhī'ēn：Hànyǔ zhuānyè, wǒ de lǐxiǎng shì dāng yì míng Hànyǔ lǎoshī.
Liú lǎoshī：Xiànzài xué Hànyǔ de wàiguórén yuèláiyuè duō, nǐ de lǐxiǎng yídìng huì shíxiàn de.
Hǎilún：Duìbuqǐ, dǎrǎo le, Zhī'ēn, wǒmen hé lǎoshī yìqǐ hé ge yǐng ba?

（李知恩说）
今天是我们毕业的日子，刘老师祝贺我们顺利完成学业。我非常感谢老师。我明年还会再回中国来的，我打算在中国继续读研究生。我的理想是当一名汉语老师，刘老师说现在学汉语的外国人越来越多，我的理想一定会实现的。

(Lǐ Zhī'ēn shuō)

　　Jīntiān shì wǒmen bìyè de rìzi, Liú lǎoshī zhùhè wǒmen shùnlì wánchéng xuéyè. Wǒ fēicháng gǎnxiè lǎoshī. Wǒ míngnián hái huì zài huí Zhōngguó lái de, wǒ dǎsuan zài Zhōngguó jìxù dú yánjiūshēng. Wǒ de lǐxiǎng shì dāng yì míng Hànyǔ lǎoshī, Liú lǎoshī shuō xiànzài xué Hànyǔ de wàiguórén yuèláiyuè duō, wǒ de lǐxiǎng yídìng huì shíxiàn de.

Èr. Huānyíng nǐ yǒu jīhuì zài lái Zhōngguó
二、欢迎你有机会再来中国

Part Two　Welcome to China again if you have chance

회화 2. 기회가 있으면 다시 중국에 오시는 것을 환영합니다

(结业晚会，电视台记者采访朴大佑)

(The journalist is interviewing Park Deawu at the graduation ceremony)

(졸업파티, TV 방송국 기자가 박대우를 취재하러 옴)

记　者：请问，您可以接受我们的采访吗？
朴大佑：可以。
记　者：就要离开中国了，请问您有什么感想？
朴大佑：怎么说呢，一方面很高兴，因为马上就要见到父母和朋友了；一方面又有点儿舍不得离开。

第二十课　你什么时候再来中国？

记　　者：我很理解您的心情，能不能谈谈您对中国的印象？
朴大佑：中国很大，中国人很热情，我在中国交了不少朋友，他们对我帮助很大，我永远也忘不了他们。中国的自行车很多，当然现在有私家车的人也越来越多了。
记　　者：您回去以后想找什么样的工作？
朴大佑：我的专业是汉语，比较理想的当然是跟中韩贸易有关的工作，希望将来能有机会来中国工作。
记　　者：祝您找到理想的工作，欢迎您有机会再来中国。
朴大佑：谢谢！
（记者采访罗伯特）
记　　者：您好，您的汉语不错。
罗伯特：您过奖了。
记　　者：听说您是从德国来的，能谈谈您在中国的感受吗？
罗伯特：对我来说，在中国的一年收获很大，其中最重要的收获是我在中国找到了我的另一半。
记　　者：那恭喜您了！
罗伯特：谢谢！

Jìzhě: Qǐngwèn, nín kěyǐ jiēshòu wǒmen de cǎifǎng ma?
Piáo Dàyòu: Kěyǐ.
Jìzhě: Jiù yào líkāi Zhōngguó le, qǐngwèn nín yǒu shénme gǎnxiǎng?
Piáo Dàyòu: Zěnme shuō ne, yì fāngmiàn hěn gāoxìng, yīnwèi mǎshàng jiù yào jiàndào fùmǔ hé péngyou le; yì fāngmiàn yòu yǒu diǎnr shěbude líkāi.
Jìzhě: Wǒ hěn lǐjiě nín de xīnqíng, néngbùnéng tántan nín duì Zhōngguó de yìnxiàng?
Piáo Dàyòu: Zhōngguó hěn dà, Zhōngguórén hěn rèqíng, wǒ zài Zhōngguó jiāole bù shǎo péngyou, tāmen duì wǒ bāngzhù hěn dà, wǒ yǒngyuǎn yě wàngbuliǎo tāmen. Zhōngguó de zìxíngchē hěn duō, dāngrán xiànzài yǒu sījiāchē de rén yě yuèláiyuè duō le.
Jìzhě: Nín huíqu yǐhòu xiǎng zhǎo shénmeyàng de gōngzuò?

Piáo Dàyòu : Wǒ de zhuānyè shì Hànyǔ, bǐjiào lǐxiǎng de dāngrán shì gēn Zhōng-Hán màoyì yǒuguān de gōngzuò, xīwàng jiānglái néng yǒu jīhuì lái Zhōngguó gōngzuò.

Jìzhě : Zhù nín zhǎodào lǐxiǎng de gōngzuò, huānyíng nín yǒu jīhuì zài lái Zhōngguó.

Piáo Dàyòu : Xièxie!

(Jìzhě cǎifǎng Luóbótè)

Jìzhě : Nín hǎo, nín de Hànyǔ búcuò.

Luóbótè : Nín guòjiǎng le.

Jìzhě : Tīngshuō nín shì cóng Déguó lái de, néng tántan nín zài Zhōngguó de gǎnshòu ma?

Luóbótè : Duì wǒ láishuō, zài Zhōngguó de yì nián shōuhuò hěn dà, qízhōng zuì zhòngyào de shōuhuò shì wǒ zài Zhōngguó zhǎodàole wǒ de lìngyíbàn.

Jìzhě : Nà gōngxǐ nín le!

Luóbótè : Xièxie!

（朴大佑说）

今天是我们毕业的日子，我一方面觉得很高兴，因为马上就要见到父母和朋友了；一方面又觉得有点儿舍不得离开中国。中国很大，人也很多，中国人很热情，我在中国交了不少的朋友，他们对我的帮助很大，我永远也忘不了他们。我的专业是汉语，我理想的工作是跟中韩贸易有关的工作，希望将来能有机会来中国工作。

（Piáo Dàyòu shuō）

Jīntiān shì wǒmen bìyè de rìzi, wǒ yì fāngmiàn juéde hěn gāoxìng, yīnwèi mǎshàng jiù yào jiàndào fùmǔ hé péngyou le; yì fāngmiàn yòu juéde yǒu diǎnr shěbude líkāi Zhōngguó. Zhōngguó hěn dà, rén yě hěn duō, Zhōngguórén hěn rèqíng, wǒ zài Zhōngguó jiāole bù shǎo de péngyou, tāmen duì wǒ de bāngzhù hěn dà, wǒ yǒngyuǎn yě wàngbuliǎo tāmen. Wǒ de zhuānyè shì Hànyǔ, wǒ lǐxiǎng de gōngzuò shì gēn Zhōng-Hán màoyì yǒuguān de gōngzuò, xīwàng jiānglái néng yǒu jīhuì lái Zhōngguó gōngzuò.

第二十课　你什么时候再来中国？

表达　Expressions　표현다루기

一、别这么说，都是你自己努力的结果

"别这么说"，别人感谢自己时一种谦虚的回答，也表示对方说话不适当。例如：
"别这么说" is used to respond to others' praise in a modest way. Also it can be used to correct what the former speaker has said. e.g.
별 이렇게 말 了는 상대방의 말이 부적당하다는 것을 나타낸다. 예를 들면：
(1) A：真是太感谢你了。
　　 B：别这么说，朋友之间应该的。
(2) A：在这儿工作真没意思。
　　 B：别这么说，很多人想来这儿工作还来不了呢。

二、对不起，打扰了，知恩，我们和老师一起合个影吧

"打扰了"，客气话，为麻烦别人而表示歉意。例如：
"打扰了" is used when you ask others for help or bring troubles to others. e.g.
打扰는 겸손을 나타내는 말이다. 상대방을 번거롭게 한데 대한 미안함을 표시한다. 예를 들면：
(1) 您这么长时间一直帮我们，打扰了。
(2) 能帮我找找这本书吗？打扰了。

三、您过奖了

"过奖"，谦辞，用于别人赞扬自己时。例如：
"过奖" is used to respond to others' praise in a modest way. e.g.
过奖은 겸손을 나타내는 말이다. 다른 사람이 자기를 칭찬할 때 사용한다. 예를 들면：
(1) A：你说汉语说得真流利！
　　 B：您过奖了。
(2) A：您是这方面的专家，应该向您学习。
　　 B：过奖，过奖。

练习　Exercises　연습문제

一、朗读句子 / Please read aloud / 정확한 발음과 성조로 아래의 예문을 읽으시오

1. 祝贺你顺利完成学业。
2. 我的理想是当一名汉语老师。
3. 你的理想一定会实现的。
4. 请问您有什么感想?
5. 我很理解您的心情。
6. 欢迎您有机会再来中国。
7. 最重要的收获是我在中国找到了我的另一半。

二、回答问题 / Please answer the questions / 다음 문제에 답하시오

1. 李知恩和刘老师在哪里谈话?
2. 李知恩为什么要谢谢刘老师?
3. 李知恩的理想是什么?
4. 朴大佑就要离开中国了,他有什么感受?
5. 朴大佑理想的工作是什么?
6. 罗伯特在中国最大的收获是什么?

三、扩展 / Accumulating / 확장연습

完成学业　　开始学业　　继续学业　　中断学业

提高得很快　　水平提高了　　迅速地提高了　　提高价格

实现理想　　实现梦想　　实现愿望

舍不得离开　　舍得花钱　　舍不舍得送给我

跟……有关　　与……有关　　和……有关

恭喜你　　祝贺你　　祝福你　　保佑你

四、替换 / Substitution and extension / 변환 연습

1. 我们和老师一起 <u>合个影</u> 吧?

唱首歌
吃顿饭

第二十课　你什么时候再来中国？

2. 一方面<u>很高兴</u>，一方面　<u>又有点儿舍不得离开</u>。

> 工资很高　　　同事们也很好
> 我没有时间　　也没有钱

3. <u>马上</u>　就要　见到父母和朋友<u>了</u>。

> 下个月　　参加考试了
> 明天　　　去中国了

4. 能不能<u>谈谈</u>您　对　　中国　　的印象？

> 说说　　　　　　我
> 给我们讲一讲　　山东大学

5. <u>他们</u>　　　　对　　<u>我</u>　　帮助很大。

> 我的中国朋友　　我的汉语学习
> 这本书　　　　　他

五　情境实践 / Situation practice / 상황 연습

1. 你的汉语水平提高了吗？　　　　　　　　　　　　　　（得）
2. 下一次你什么时候来中国？　　　　　　　　　　　　　（再）
3. 你的理想是什么？　　　　　　　　　　　　　　　　　（当）
4. 离开中国前，你有什么感想？　　　　（一方面……另一方面……）
5. 你希望将来做什么工作？　　　　　　　　　　　　　（有机会）

六　交际任务 / Intercommunication practice / 역할 연습

和同学交流一下你们在中国留学的感受。

七　补充词语 / Over the vocabulary / 보충 단어

本科生　　研究生　　博士生　　毕业生　　学士　　硕士　　博士
汉语专业　　外语专业　　计算机专业　　旅游专业　　金融专业
医学专业　　化学专业　　物理专业　　历史专业　　教育专业

词汇总表

A

哎	āi	4
矮	ǎi	3
爱	ài	3
爱护	àihù	17
爱人	àiren	19
安全	ānquán	14
安装	ānzhuāng	16
按摩	ànmó	7
按照	ànzhào	18
熬夜	áo yè	1

B

拔	bá	6
把	bǎ	2
白茫茫	báimángmáng	17
搬	bān	2
办理	bànlǐ	10
包	bāo	10
包裹单	bāoguǒdān	14
保护	bǎohù	8
保龄球	bǎolíngqiú	23
保险	bǎoxiǎn	13
保证	bǎozhèng	12
报社	bàoshè	9
报纸	bàozhǐ	9
杯	bēi	3
被	bèi	4

比	bǐ	7
必须	bìxū	11
边	biān	7
编码	biānmǎ	14
变化	biànhuà	17
别	bié	11
别逗了	biédòule	10
并	bìng	9
不必	búbì	6
不敢当	bùgǎndāng	5
不管	bùguǎn	7
不见得	bújiàndé	1
不是…而是…	búshì…érshì…	4
布置	bùzhì	19

C

擦	cā	2
采	cǎi	15
采访	cǎifǎng	20
采摘	cǎizhāi	15
餐厅	cāntīng	19
草莓	cǎoméi	15
草原	cǎoyuán	12
茶道	chádào	16
长寿	chángshòu	3
长途	chángtú	12
场	chǎng	17
超重	chāo zhòng	13
朝	cháo	19
吵	chǎo	1

陈	chén	16
称	chēng	14
称呼	chēnghu	10
成功	chénggōng	11
城市	chéngshì	17
乘车	chéng chē	8
吃惊	chī jīng	4
尺寸	chǐcùn	3
充满	chōngmǎn	17
出产	chūchǎn	16
出发	chūfā	10
厨房	chúfáng	19
厨师	chúshī	5
窗户	chuānghu	9
窗帘	chuānglián	19
从事	cóngshì	6
存	cún	8

D

打工	dǎ gōng	14
打扰	dǎrǎo	20
打扫	dǎsǎo	2
大巴	dàbā	10
大多	dàduō	15
大小	dàxiǎo	9
代	dài	10
代表	dàibiǎo	3
代价	dàijià	10
单	dān	10
单行线	dānxíngxiàn	11

担心	dān xīn	4
耽误	dānwu	13
当地	dāngdì	5
当做	dàngzuò	16
倒	dǎo	15
到底	dàodǐ	9
登机	dēng jī	13
登机卡	dēngjīkǎ	13
等候	děnghòu	13
的确	díquè	7
底	dǐ	16
地板	dìbǎn	2
地道	dìdao	5
地面	dìmiàn	17
地球	dìqiú	17
地图册	dìtúcè	10
电	diàn	8
电话卡	diànhuàkǎ	12
电视台	diànshìtái	9
钓鱼	diào yú	15
掉	diào	6
丢	diū	9
动机	dòngjī	8
动手	dòng shǒu	15
堵车	dǔ chē	11
度	dù	13
度假	dùjià	8
短	duǎn	3
锻炼	duànliàn	15
对面	duìmiàn	5
顿	dùn	5

多云	duōyún	17	扶	fú	4
			服务	fúwù	5
			服务员	fúwùyuán	3

E

			福利院	fúlìyuàn	1
儿童	értóng	1	负责	fùzé	2
而	ér	16	复杂	fùzá	11

F

G

发财	fā cái	12	干净	gānjìng	2
发达	fādá	6	敢	gǎn	11
发生	fāshēng	6	感受	gǎnshòu	20
发展	fāzhǎn	18	感想	gǎnxiǎng	20
发型	fàxíng	7	干	gàn	8
翻身	fānshēn	7	高中	gāozhōng	18
翻译	fānyì	16	告诉	gàosu	12
方	fāng	3	个性	gèxìng	7
方式	fāngshì	12	各	gè	5
房东	fángdōng	2	各地	gèdì	8
房租	fángzū	2	供应	gōngyìng	10
放松	fàngsōng	15	恭喜	gōngxǐ	20
放心	fàng xīn	3	共同	gòngtóng	17
分别	fēnbié	13	鼓励	gǔlì	11
分成	fēnchéng	13	顾	gù	19
分钟	fēnzhōng	2	顾客	gùkè	8
份	fèn	12	挂	guà	2
丰富	fēngfù	8	挂号	guà hào	6
风格	fēnggé	19	光	guāng	6
风光	fēngguāng	8	光线	guāngxiàn	19
风沙	fēngshā	17	广告	guǎnggào	5
夫妇	fūfù	9	规则	guīzé	11

柜子	guìzi	2	黄	huáng	3
国际	guójì	12	黄金周	huángjīnzhōu	15
果实	guǒshí	15	活动	huódòng	7
过奖	guòjiǎng	20	火红	huǒhóng	17

H

J

哈哈	hāha	4	积极	jījí	2
海边	hǎibiān	8	吉他	jítā	7
害怕	hàipà	6	级	jí	17
寒假	hánjià	16	即使	jíshǐ	6
航班	hángbān	13	急	jí	11
好	hǎo	4	挤	jǐ	7
好奇	hàoqí	18	记	jì	12
合算	hésuàn	13	记得	jìde	5
合影	hé yǐng	20	记者	jìzhě	20
合作	hézuò	8	纪念品	jìniànpǐn	8
和气	hé qì	2	既然	jìrán	5
盒	hé	16	继续	jìxù	20
红茶	hóngchá	16	加	jiā	7
后边	hòubian	12	加速	jiāsù	11
后悔	hòuhuǐ	4	家具	jiājù	9
候机区	hòujīqū	13	家乡	jiāxiāng	17
呼吸	hūxī	15	家用电器	jiāyòng diànqì	9
蝴蝶	húdié	15	家园	jiāyuán	17
花费	huāfèi	12	价格	jiàgé	5
滑	huá	18	驾驶	jiàshǐ	16
滑雪	huá xuě	17	架	jià	13
坏	huài	1	坚持	jiānchí	4
环境	huánjìng	2	减肥	jiǎn féi	4
会	huì	1	简单	jiǎndān	18

简直	jiǎnzhí	4
健康	jiànkāng	3
健美操	jiànměicāo	15
将来	jiānglái	20
讲	jiǎng	4
讲解	jiǎngjiě	8
讲究	jiǎngjiu	16
奖	jiǎng	11
交费	jiāo fèi	8
交通	jiāotōng	11
郊区	jiāoqū	15
接	jiē	13
接触	jiēchù	15
接近	jiējìn	5
接受	jiēshòu	20
节省	jiéshěng	13
结账	jié zhàng	5
姐夫	jiěfu	13
金黄	jīnhuáng	17
劲儿	jìnr	7
经济	jīngjì	8
经历	jīnglì	4
景点	jǐngdiǎn	10
警察	jǐngchá	9
敬酒	jìng jiǔ	3
居留证	jūliúzhèng	9
居然	jūrán	4
距离	jùlí	12
聚会	jùhuì	5
捐	juān	14
决定	juédìng	18

K

开	kāi	1
开玩笑	kāi wánxiào	4
开心	kāixīn	6
看上去	kàn shangqu	2
颗	kē	6
咳	ké	14
可口	kěkǒu	3
可惜	kěxī	7
空调	kōngtiáo	10
空气	kōngqì	17
恐怕	kǒngpà	17
空闲	kòngxián	15
口腔科	kǒuqiāngkē	6
酷	kù	7
宽	kuān	11
款	kuǎn	14

L

辣	là	5
缆车	lǎnchē	4
浪漫	làngmàn	17
劳动	láodòng	15
老板	lǎobǎn	12
老家	lǎojiā	18
了	le	2
离开	líkāi	20
理发店	lǐfàdiàn	7

理想	lǐxiǎng	20
利用	lìyòng	19
练歌房	liàngēfáng	23
凉快	liángkuai	3
邻居	línjū	9
临时	línshí	16
领子	lǐngzi	3
另一半	lìngyíbàn	20
流行	liúxíng	6
绿	lǜ	3
绿茶	lǜchá	16
论文	lùnwén	7

M

马大哈	mǎdàhā	9
满意	mǎnyì	3
贸易	màoyì	20
门票	ménpiào	10
迷路	mí lù	4
迷住	mízhù	4
蜜月	mìyuè	13
面试	miànshì	16
名	míng	6
模拟	mónǐ	1
目的	mùdì	1

N

南边	nánbian	2
男士	nánshì	6
内科	nèikē	7
能力	nénglì	16
扭伤	niǔshāng	4
农村	nóngcūn	4
女生	nǚshēng	1
女士	nǚshì	6

O

| 哦 | ò | 6 |

P

排队	pái duì	8
派出所	pàichūsuǒ	9
泡菜	pàocài	15
配	pèi	9
篇	piān	14
骗	piàn	4
品尝	pǐncháng	15
普洱茶	pǔ'ěrchá	16

Q

期间	qījiān	16
其中	qízhōng	16
旗袍	qípáo	3
钱包	qiánbāo	9
欠	qiàn	5
强	qiáng	9
墙	qiáng	19
瞧	qiáo	17

巧	qiǎo	11
亲密	qīnmì	15
轻松	qīngsōng	7
情况	qíngkuàng	9
晴	qíng	17
求	qiú	14
球赛	qiúsài	3
全身	quánshēn	7
确实	quèshí	5

R

染	rǎn	7
热情	rèqíng	20
热心	rèxīn	9
认	rèn	6
任何	rènhé	10
日出	rìchū	4
容易	róngyì	1
软卧	ruǎnwò	13

S

赛	sài	11
嫂子	sǎozi	19
沙发	shāfā	27
山顶	shāndǐng	1
商人	shāngrén	6
上升	shàngshēng	18
烧	shāo	9
舍得	shěde	14
设计	shèjì	19
设施	shèshī	10
摄像头	shèxiàngtóu	12
身份证	shēnfènzhèng	16
深	shēn	1
神奇	shénqí	4
神仙	shénxiān	4
甚至	shènzhì	8
生病	shēng bìng	14
声	shēng	7
师傅	shīfu	3
时髦	shímáo	15
实现	shíxiàn	20
实在	shízài	1
世界	shìjiè	8
似的	shìde	7
事故	shìgù	11
试题	shìtí	1
收	shōu	12
收藏品	shōucángpǐn	16
收获	shōuhuò	8
收件人	shōujiànrén	14
收入	shōurù	6
收拾	shōushi	2
手忙脚乱	shǒumángjiǎoluàn	11
手术	shǒushù	6
受	shòu	17
受不了	shòubuliǎo	4
书橱	shūchú	19
熟	shú	10
熟悉	shúxī	6

暑假	shǔjià	16		土著	tǔzhù	8
树枝	shùzhī	17		团圆	tuányuán	3
数量	shùliàng	18		团聚	tuánjù	3
摔倒	shuāidǎo	18		推拿	tuīná	1
顺序	shùnxù	6		退休	tuì xiū	9
说不定	shuōbudìng	5		托运	tuōyùn	13
说明	shuōmíng	9				
司机	sījī	9		**W**		
算（是）	suàn（shì）	17				
随便	suíbiàn	19		外边	wàibiān	1
损失	sǔnshī	17		外科	wàikē	6
所谓	suǒwèi	12		完成	wánchéng	12
				完全	wánquán	8
T				网	wǎng	2
				往返	wǎngfǎn	13
它	tā	3		往年	wǎngnián	17
态度	tàidu	5		忘不了	wàngbuliǎo	20
特长	tècháng	16		旺季	wàngjì	10
特色	tèsè	5		为了	wèile	1
特意	tèyì	16		卫生	wèishēng	5
提高	tígāo	20		位置	wèizhì	2
提前	tíqián	10		味道	wèidao	5
提醒	tíxǐng	10		胃	wèi	16
天然	tiānrán	15		温度	wēndù	17
甜蜜	tiánmì	15		温暖	wēnnuǎn	3
填	tián	14		温馨	wēnxīn	12
挑	tiāo	14		问候	wènhòu	3
条	tiáo	11		卧铺票	wòpùpiào	12
贴	tiē	12		乌龙茶	wūlóngchá	16
铁观音	tiěguānyīn	16		污染	wūrǎn	17
通过	tōngguò	8		雾	wù	17

X

西边	xībian	19
吸引	xīyǐn	8
喜悦	xǐyuè	15
系	xì	18
系统	xìtǒng	15
细心	xìxīn	9
现代	xiàndài	19
线	xiàn	11
羡慕	xiànmù	1
(相)信	(xiāng)xìn	4
享受	xiǎngshòu	15
想念	xiǎngniàn	17
想像	xiǎngxiàng	17
消息	xiāoxi	9
消炎药	xiāoyányào	6
小型	xiǎoxíng	7
笑话	xiàohua	4
效率	xiàolǜ	1
新闻	xīnwén	6
新鲜	xīnxiān	15
行人	xíngrén	11
兴趣	xìngqù	18
幸好	xìnghǎo	14
休闲	xiūxián	15
袖子	xiùzi	3
选择	xuǎnzé	15
学业	xuéyè	20

Y

押金	yājīn	10
牙疼	yáténg	6
研究	yánjiū	5
盐	yán	9
颜色	yánsè	19
演唱会	yǎnchànghuì	5
阳	yáng	19
阳台	yángtái	9
氧吧	yǎngbā	15
药方	yàofāng	6
要么…… 要么……	yàome…… yàome……	15
钥匙	yàoshi	9
一方面…… 一方面……	yìfāngmiàn…… yìfāngmiàn……	20
一切	yíqiè	16
医学	yīxué	6
因素	yīnsù	18
饮食	yǐnshí	30
印象	yìnxiàng	1
应聘者	yìngpìnzhě	16
拥挤	yōngjǐ	11
永远	yǒngyuǎn	20
用功	yònggōng	1
尤其	yóuqí	18
犹豫	yóuyù	13
邮箱	yóuxiāng	12
邮政	yóuzhèng	14

游客	yóukè	8		挣	zhèng	14
游览	yóulǎn	8		执照	zhízhào	16
有关	yǒuguān	20		直达	zhídá	13
预报	yùbào	17		只	zhǐ	2
预定	yùdìng	10		纸箱	zhǐxiāng	14
遇见	yùjiàn	4		指导	zhǐdǎo	8
原来	yuánlái	12		指挥	zhǐhuī	11
圆	yuán	3		秩序	zhìxù	11
远亲不如近邻	yuǎn qīn bù rú jìn lín	9		中间	zhōngjiān	7
愿望	yuànwàng	18		中医	zhōngyī	1
约会	yuēhuì	7		终点站	zhōngdiǎnzhàn	15
运气	yùnqi	14		终于	zhōngyú	4
				重量	zhòngliàng	14
				重要	zhòngyào	20

Z

				周到	zhōudào	8
杂志	zázhì	8		主要	zhǔyào	1
灾难	zāinàn	17		主意	zhǔyi	9
摘	zhāi	15		注意	zhùyì	15
站	zhàn	4		专家	zhuānjiā	6
招聘	zhāopìn	16		专门	zhuānmén	5
着	zháo	6		专业	zhuānyè	18
着迷	zháo mí	4		转机	zhuǎnjī	13
照顾	zhàogù	3		赚	zhuàn	6
真丝	zhēnsī	3		装	zhuāng	14
真正	zhēnzhèng	17		装修	zhuāngxiū	19
针灸	zhēnjiǔ	1		资料	zīliào	12
整容	zhěngróng	6		资助	zīzhù	14
正常	zhèngcháng	17		仔细	zǐxì	3
正好	zhènghǎo	6		紫菜卷饭	zǐcài juǎn fàn	15
正要	zhèngyào	7		自动取款机	zìdòng qǔkuǎnjī	11
证书	zhèngshū	16		自然	zìrán	8

自助游	zìzhùyóu	15
棕色	zōngsè	7
租	zū	2
嘴	zuǐ	15
遵守	zūnshǒu	11
座位	zuòwèi	8

专名

澳大利亚	Àodàlìyà	8
北京大学	Běijīng Dàxué	11
北京电视台	Běijīng Diànshìtái	11
俄语	Éyǔ	4
后天	Hòutiān	17
开元山庄	Kāiyuán Shānzhuāng	2
内蒙古	Nèiměnggǔ	12
地球大战	Dìqiú Dàzhàn	17
圣诞节	Shèngdàn Jié	12
新西兰	Xīnxīlán	8
希望工程	Xīwàng Gōngchéng	14
杨晓月	Yáng Xiǎoyuè	14
山水青宾馆	Shānshuǐqīng Bīnguǎn	10
桂林	Guì Lín	10
漓江	Lí Jiāng	10
昆明	Kūnmíng	10
大理	Dàlǐ	10
红叶谷	Hóngyè Gǔ	15
百脉泉	Bǎi Mài Quán	15